鉄道ミステリーの系譜

シャーロック・ホームズから十津川警部まで

原口隆行
Haraguchi Takayuki

交通新聞社新書 102

はじめに

アメリカの作家エドガー・アラン・ポーの『モルグ街の殺人事件』(1841年)に始まる推理小説の歴史は、今年、平成28(2016)年で175年を数えます。世界最古の小説といわれる紫式部の『源氏物語』が書かれたのが寛弘5(1008)年のことですから、推理小説の175年という数字は、小説の歴史のうえでは決して長いとはいえないでしょう。

けれど、ポーから少し間をおいて名探偵シャーロック・ホームズを創始したイギリスのコナン・ドイルが登場してからというもの、推理小説はイギリスを中心に飛躍的な発展を遂げました。

日本における推理小説は、明治10年代に欧米からもたらされたところからその歴史をスタートさせました。そして、明治26(1893)年頃に翻訳物、創作物合わせて一つの頂点に達した後長い停滞を余儀なくされましたが、大正10(1921)年に横溝正史が『恐ろしき四月馬鹿《エイプリル・フール》』を、翌11年に江戸川乱歩が『二銭銅貨』と『一枚の切符』を発表するに及んで再び活況を取り戻しました。いずれも短編でしたが、爾来、推理小説は戦時中の10年ほどの空白を除いて発展の一途をたどり、その勢いは今日にまで及んでいます。

一方、1830年、イギリスに誕生した鉄道は、明治5(1872)年にそのイギリスの指導を仰いで新橋～横浜間で開業して以来、発展に発展を重ねて、大正時代には旅行の大衆化が一気に進みました。その後、太平洋戦争では大きな被害を蒙ったものの、戦後10年で見事に復興、昭和39（1964）年には東海道新幹線も開業、日本の経済を時に支え、時に牽引しながらその進展に貢献してきました。その後、自動車の台頭、航空網の発達に押されて昭和50年代には国鉄が破綻、民営化されるという経過をたどりましたが、今は再び活気を取り戻しています。

本書は、このような推理小説と鉄道双方の歴史と相関関係を踏まえて、鉄道を舞台にした作品、鉄道を主題にした作品などを総称して「鉄道ミステリー」と規定、これはと思われる作品を厳選したうえで時代を追って紹介したものです。浅学のこととて見逃したり見落としたりした作品も多々あろうかとは思いますが、大筋のところでは押さえたつもりです。

推理小説と鉄道――一見なんの脈絡もない取り合わせではありますが、この二つの相性が抜群によいこともあり、鉄道が重要な要素として、また格好の素材として推理小説に盛んに取り込まれるようになったことは、いわば必然の成り行きだったといえるでしょう。

紙数の関係で、多くの作品を割愛せざるを得なかったこと、また昭和末期までの作品しか取り上げることができなかったことが心残りではありますが、ご寛恕願いたいと思います。

本書が鉄道ミステリーへの理解と造詣を深めていただく一助になれば幸いです。

鉄道ミステリーの系譜——目次

第1部

探偵小説の萌芽と日本における発展

第1章　「探偵小説」の時代

第1節　探偵小説の祖エドガー・アラン・ポー

19世紀半ばに誕生した探偵小説

1841年、アメリカの作家で詩人の**エドガー・アラン・ポー**Edgar Allan Poeが『**モルグ街の殺人事件**（The Murders in The Rue Morgu）』という短編小説を、自身が編集長を務める『グレアム』誌に発表した。

フランスはパリのモルグ街の一角で発生した、老婆とその娘が惨殺された事件を、C・オーギュスト・デュパンという素人探偵が論理的な推理を重ねて解決に導くという探偵小説である。一般にはこれが「探偵小説」の始まりとされている。

さて、あらかじめ冒頭でお断りしておかなくてはならないが、日本ではこの「探偵小説」という言葉、今ではほとんど使われず、「推理小説」あるいは「ミステリー」という言葉が定着している。だが、これらは太平洋戦争が終結した戦後からこう呼ばれるようになったもので、当初は英語の「Detective Story」を直訳して「探偵小説」と呼ばれていた。「探偵」はなにもプロの探偵とはかぎらず、素人探偵も含めた呼称である。本書もここで歴史的経緯にしたがって当分の間

「探偵小説」と呼ぶことにする。

閑話休題。

ポーが満を持して書いたにもかかわらず、『モルグ街の殺人事件』はほとんど反響を呼ばなかった。しかしポーは、翌1842年に『モルグ街——』の続編にあたる『**マリー・ロジェの怪事件**（The Mystery of Marie Roget）』、1843年に『**黄金虫**（The Gold-Bug）』、1845年に『**盗まれた手紙**（The Purloined Letter）』の3作のデュパン物を発表した。しかし、これらもまた人気を呼ぶことはなかった。

結局、ポーの探偵小説は4作に終わり、ポーはその後もっぱら恐怖小説と詩作に取り組んだ。

なにごとであれ、前例のないことに先鞭をつけるということは勇気がいるものである。まず無視されるか酷評されるのが落ちである。ポーの探偵小説もまたその例に漏れなかった。しかし、この『モルグ街の殺人事件』こそは紛れもなく探偵小説の元祖であり、これが後世の作家に大きな影響を及ぼしたことは間違いない。

ポーは1849年にわずか40歳で世を去ったから、探偵小説の、特にイギリスとアメリカにおけるその後の展開と隆盛を見届けることは叶わなかったが、探偵小説の礎をがっしりと築き上げた功績は今日になお不滅の光芒を放っている。

第2節　探偵小説の地歩を固めたコナン・ドイル

コナン・ドイルが貧窮のさなかに書き上げた『緋色の研究』

ポーが創出した探偵小説は、46年の時を経てイギリスへと飛び火した。スコットランド出身の眼科医**コナン・ドイル**Arthur Ignatius Conan Doyleが『**緋色の研究**（A Study in Scarlet)』という長編小説で作家としてのデビューを果たしたのである。ドイルはイングランド南部の海岸都市ポーツマスの郊外で開業したがあまり流行らず、暇に任せてこの作品を書き上げた。ドイル27歳の時である。ドイルは前年に結婚していたが、生活面で困窮していたため、書斎など思いも寄らず、空き箱を机代わりにして執筆を進めたという。

ドイルはこの『緋色の研究』を書き上げると、すぐにロンドンのいくつかの出版社に送ったが、その度に送り返され、ようやく翌年の1887年に日の目を見ることができた。採用したのはイギリスではなく、アメリカの『ビートンズ・クリスマス・アニュアル』という年鑑誌だった。

けれども、この作品も『モルグ街――』同様、ほとんど見向きもされなかった。ところが、どこかで見ている人はいるもので、これに目を付けたアメリカの雑誌『リピンコット』の編集者が執筆を依頼してきた。気をよくしたドイルが1890年に書き上げたのが第2作にあたる長編『**四つの署名**（The Sign of Four)』である。

話は前後するが、ドイルが処女作『緋色の研究』で生み出した探偵こそが、世界に冠たる名探偵シャーロック・ホームズであり、ホームズの活躍を伝える語り部として登場するのがジョン・H・ワトソンという元陸軍の軍医で医学博士である。二人はロンドンのベーカー街221Bで共同生活を送ることになるのだが、早くも第1作目でこの名コンビが誕生したのである。このホームズこそがポーが生み出した探偵デュパンの後身にほかならない（もっとも、デュパンは素人探偵、対するにホームズはプロの探偵という違いがあるが）。ちなみに、『モルグ街――』ではワトソンに該当する語り部には名前が与えられておらず、ただ「私」となっている。

コナン・ドイルが第1作『緋色の研究』を書いたポーツマスの旧居跡のフラットにはめ込まれたシャーロック・ホームズを象ったプレート（撮影：筆者）

シャーロック・ホームズ譚が一世を風靡

『四つの署名』の発表からほどなく、ドイルが切望したロンドンの出版社からようやく連載小説の注文が入った。１８９１年1月に創刊されたばかりの月刊誌『ストランド・マガジン』である。ドイルが喜んで引き受けたことはいうまでもない。そして、7月号から短編によるホームズ譚が誌面を飾ることになった。その最初の作品が短編の『**ボヘミアの醜聞**(A Scandal in Bohemia)』で、これは読者から大きな反響があり、ドイルは以後1年にわたって短編を書き続けた。12編の作品はいずれも好評で、これで作者コナン・ドイルとシャーロック・ホームズの名前は広く世に知られるところとなった。以後、ドイルはホームズ譚をすべて『ストランド・マガジン』誌に書き続け、それにつれて人気もうなぎ上り、押しも押されもせぬ探偵小説の大家として敬愛されるようになった。

ドイルが書き上げたホームズ譚は長編が4作、短編が56作に上る。ドイルこそは、ポーの跡を受けて探偵小説を一つの文学ジャンルとして昇華させた最大の功労者といえるだろう。

さて、ここからはいささか余談になるが、じつはドイルは自らは歴史小説家をもって任じており、前後していくつかの作品を発表していたが、ある時もうホームズ譚は書かないと決めてホームズをスイスのライヘンバッハの滝で宿敵モリアーティ教授との格闘の末に相果てるという設定

ライヘンバッハの滝でのホームズ最期の様子。シドニー・パジェットによる挿絵（写真：TopFoto／アフロ）

で抹殺してしまった。けれども、これには読者が黙っておらず、後に苦しい設定で復活させるのだが、これについては後章で取り上げるのでここではあえて触れない。

第3節　シャーロック・ホームズのライヴァルたち続々登場

多士済々のホームズのライヴァルたち

さて、一つの分野が確立されて人気が高まると追随者が出現するのは世の倣い、『ストランド・

マガジン』誌とホームズの人気にあやかろうとほかの出版社の編集者と作家たちが続々と参入を図ってきた。彼らが生み出した探偵は後に「シャーロック・ホームズのライヴァルたち」と称されるようになるのだが、これらの作家たちはホームズ譚とは一線を画して独自色を打ち出そうと探偵役に個性的なキャラクターを設定して読者の目を惹こうと知恵を絞り合った。そして、これがまた後の探偵小説に大きな影響を及ぼすことになった。

ホームズのライヴァルに擬せられた探偵としてはイギリスでは**オースティン・フリーマン**Richard Austin Freemanが生み出した法医学者ソーンダイク博士、ハンガリー出身の女流作家で、フランスの王朝時代を舞台にした『紅はこべ』で知られる**バロネス・オルツィ**Baroness Orczyの隠居の身の隅の老人、**アーサー・モリソン**Arthur Morrisonの素人探偵マーチン・ヒューイット、女流作家**ドロシー・L・セイヤーズ**Dorothy Leigh Sayersの悠々自適の生活を送るご隠居のピーター卿、**V・L・ホワイトチャーチ**Victor Lorenzo Whitechurchの大の鉄道ファンのソープ・ヘイズル、**G・K・チェスタトン**Gilbert Keith Chestertonのブラウン神父、**M・P・シール**Matthew Phipps Shielの元はプリンスの身だったプリンス・ザレスキー、**アーネスト・ブラマ**Ernest Bramahの盲目の探偵マックス・カラドス、**H・C・ベイリー**Henry Christopher Baileyの医者のフォーチュンなどがおり、アメリカでは**ジャック・フットレル**Jacques Futrelle

の思考機械、**M・D・ポースト**Melville Davisson Postのアブナー伯父、といった探偵が生み出された。フランスの**モーリス・ルブラン**Maurice Leblancのあまりにも有名なアルセーヌ・ルパンなども強力なライヴァルの一人といえよう。ルパンは周知のように探偵というよりは怪盗の類だが、推理能力ときたら抜群のものがあり、1906年から翌年にかけて大胆にもホームズとルパンを対決させる『**金髪の美女**（La Dame blonde）』と『**ユダヤのランプ**（La Lampe juive）』の2作を収めた『**ルパン対ホームズ**（Arsène Lupin contre Herlock Sholmès）』を刊行してホームズとの対決色を剥き出しにしている。この作中ではホームズはエルロック・ショルメとフランス風な名前を与えられている。

さて、これらの探偵を通覧してすぐにわかることは、やれ隅の老人だの神父だのと個性豊かなキャラクターが多いことである。ちなみに、ソーンダイク博士は法医学者、フォーチュン氏は開業医、マーチン・ヒューイットは素人探偵、ピーター卿は悠々自適の生活を送るお金持ち、つまり素人探偵、ソープ・ヘイズルもその口だが趣味は鉄道、思考機械の正体は大学教授、アブナー伯父は探偵、マックス・カラドスは盲人の素人探偵、プリンス・ザレスキーは素人探偵である。なお、隅の老人の正体は不明で、謎に包まれている。ひと癖もふた癖もある探偵が名を連ねていることに驚かされる。

倒叙物の地平を開いたオースティン・フリーマン

なかで、特筆すべきはオースティン・フリーマンのソーンダイク博士譚だろう。フリーマンは、『**オスカー・ブロズキー事件**（The Case of Oscar Brodski）』という短編で、あらかじめ犯人を読者の前に提示しておき、そのほぼ完璧なアリバイをソーンダイク博士が科学的、論理的に崩すという新たな手法を導入した。いわゆる「倒叙物《とうじょもの》」と呼ばれる手法である（この作品はいわゆる鉄道推理小説であり、後に改めて取り上げる）。また、フリーマンは１９０７年、『**赤い拇指紋**（The Red Thumb Mark）』という長編でデビューしたが、このなかで指紋が、この場合は偽の指紋だが事件解決の有力な手がかりになることをソーンダイク博士に提唱させている。今ではごく当たり前の検証方法だが、この時代はまだロンドン警視庁でさえ用いていなかった。

安楽椅子探偵生みの親M・P・シール

また、アーネスト・ブラマのマックス・カラドスが盲目の探偵であることは前述したが、M・P・シールの探偵プリンス・ザレスキーは某国の王位継承者なのに不幸にも祖国を追われて今は隠棲の日々を送っている身分、彼は一度も事件現場に足を運ぶことなく、事件の状況を聞いただけで明晰な頭脳で事件を解決する。こういう設定は、後に「安楽椅子探偵（Armchair Detective）」

と呼ばれることになるが、この先鞭をつけたのがＭ・Ｐ・シールであった。バロネス・オルツィの隅の老人もこの安楽椅子探偵の一人である。

と、こういう風に見てゆくと、これらの作家と作品をひと口にドイルとそのホームズ譚の所詮は亜流、二番煎じと片付けるわけにはいかないことがわかるだろう。欧米で探偵小説が大いに読まれるようになったのもむべなるかな、もしホームズにこういった個性的な強力なライヴァルが出現していなかったならあるいは探偵小説、ひいては後の推理小説が一大ジャンルを形成することもなかっただろう。

第4節　対照的なフリーマン・ウィルズ・クロフツとアガサ・クリスティ

足で証拠を集めるフレンチ警部と天才探偵のエルキュール・ポアロ

前節であえて取り上げなかったが、ホームズのライヴァルとして特筆大書しなくてはならないのが、**フリーマン・ウィルズ・クロフツ**Freeman Wills Croftsと**アガサ・クリスティ**Agatha Mary Clarissa Christieの二大探偵作家であろう。

クロフツが創始した探偵は、長編第5作『**フレンチ警部最大の事件**（Inspector French's

Greatest Case)』から登場するロンドン警視庁(スコットランド・ヤード)のフレンチ警部(後に警視に昇進)、クリスティのそれはご存じベルギーからの亡命者で元警察官のエルキュール・ポアロと隠居の身のミス・マープル、おしどり夫婦のトミーとタペンスである。

二人の間には10歳ほどの年齢の開きがあり、クロフツのほうが年上だったが、奇しくもともに1920年にデビューした。クロフツの処女作は『**樽**(The Cask)』、クリスティのそれは『**スタイルズ荘の怪事件**(The Mysterious Affair at Styles)』である。この時、クロフツは40歳、クリスティは30歳だった。

同時にデビューしたとはいっても、この二人にはそのキャラクターに天と地ほどの相違がある。クロフツは、この当時北アイルランドのベルファスト・アンド・ノーザン・カウンティーズ鉄道という鉄道会社の土木見習い技師、一方クリスティはいくつかの職業を経て推理作家を目指すようになった多感な女性だった。クロフツは『樽』で注目された後も鉄道の仕事を続け、ついにはドネガル鉄道の主任技師に昇進したが、50歳になって病を得て退職した後専業作家になった。

このように経歴の異なる二人ではあるが、共通する点が二つある。それはともに鉄道が好きだったということである。クロフツが鉄道に愛着があるのは職業柄当然のことだが、クリスティも鉄道に強い関心を抱いていた。このことについては第2章でやや詳しく触れることになるので、ここではこれ以上立ち入らないことにする。

なお、クリスティより少し後の世代、20世紀に入って生を受けたイギリスの**マイケル・イネス**Michael Innesのアプルビイ、アメリカの**オーガスト・ダーレス**August William Derlethのソーラー・ポンズなどもシャーロック・ホームズのライヴァルとして参入を果たした。

第5節 翻訳物から始まった日本の探偵小説

開国を急いだ明治新政府

エドガー・アラン・ポーが1841年に『モルグ街の殺人事件』を発表した頃、日本はまだ江戸時代であった。日本が明治維新を迎えて近代国家への脱皮を開始するのはこれより27年も後の1868年、つまり明治元年のことである。

しかし、一旦開国したとなると日本の近代化に向けての歩みは早かった。それは維新政府が富国強兵策を導入、欧米に一刻も早く追いつこうと、その文物をいち早く取り入れることに積極的に取り組んだからである。とはいえ、まだその初期は江戸時代からの残滓《ざんし》が色濃く残っており、不平分子が政府にも巷にも充満していた。これらが一掃されて真に近代化が始まるのは、討幕に

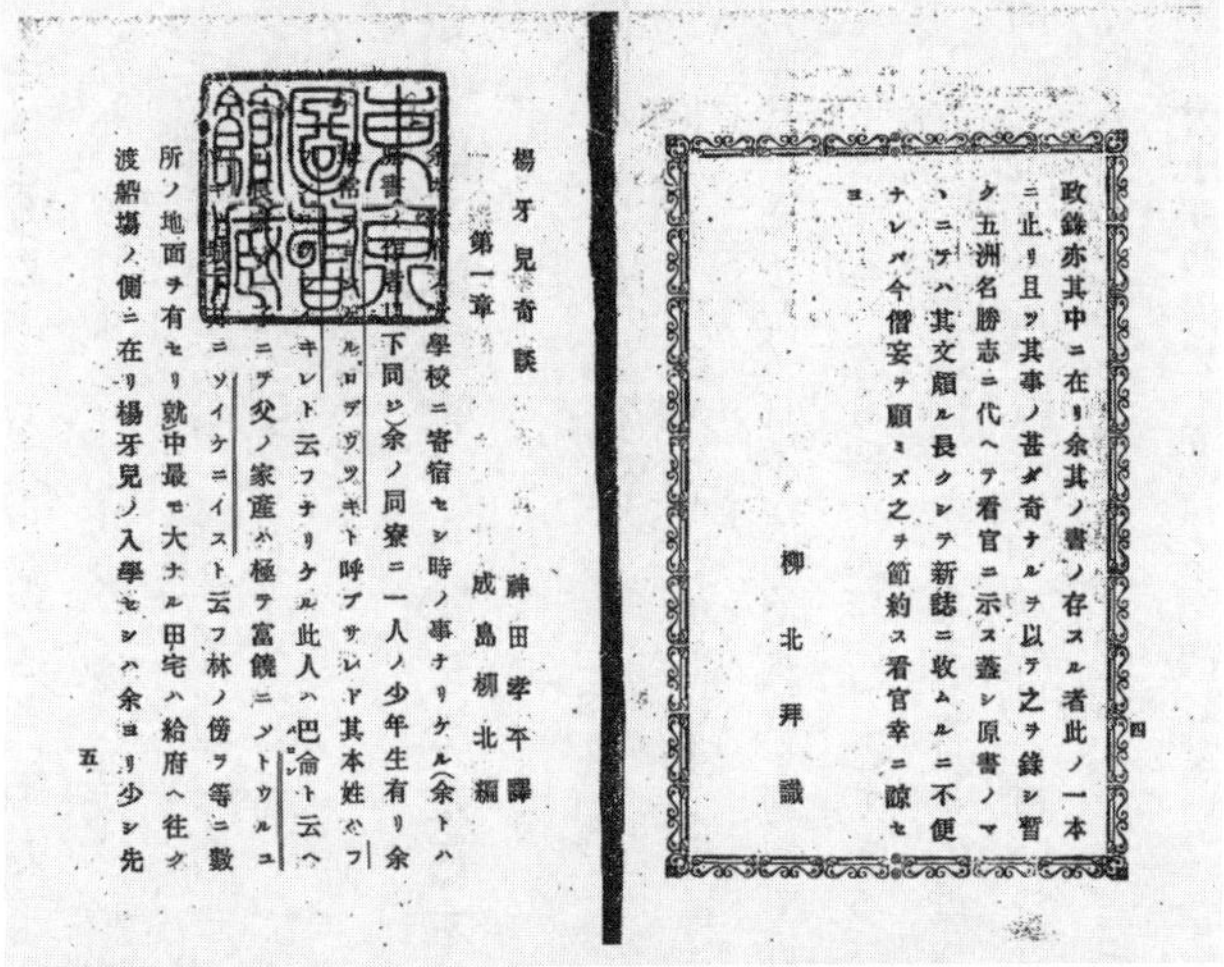

政錄亦其中ニ在リ余其ノ書ノ存スル者此ノ一本
ニ止リ且ツ其事ノ甚ダ奇ナルヲ以テ之ヲ錄シ暫
ク五洲名勝志ニ代ヘテ看官ニ示ス蓋シ原書ノマ
ヽニテハ其文頗ル長クシテ新誌ニ收ムルニ不便
ナレバ今僭妄ヲ顧ミズ之ヲ節約ス看官幸ニ諒セ
ヨ

柳北拜識

四

楊牙兒奇談

神田孝平譯
成島柳北編

第一章

學校ニ寄宿セシ時ノ事ナリケル(余トハ
下同ジ)余ノ同寮ニ一人ノ少年生有リ余
ルロデウツキト呼ブサレド其本姓ハフ
キレト云フナリケル此人ハ巴命ト云ヘ
ニテ父ノ家産ハ極テ富饒ニメトウルユ
ニソイケニイスト云フ林ノ傍ラ等ニ數
所ノ地面ヲ有セリ就中最モ大ナル田宅ハ給府ヘ往ク
渡船塲ノ側ニ在リ楊牙兒ノ入學セシハ余ヨリ少シ先

五

『花月新誌』を創刊した成島柳北が、明治19（1886）年に『楊牙児ノ奇獄』を『楊牙児奇談』として一冊にまとめた（国立国会図書館所蔵）

勲功を上げ、新政府の陸軍大将・参議という要職にあった西郷隆盛がその政府に反旗を翻して挙兵した西南戦争が終結した明治10（1877）年前後のことである。

日本に欧米の探偵小説がもたらされたのはこの時代のことだった。堀啓子著『日本ミステリー小説史』によると、その嚆矢は蘭学者の**神田孝平《かんだこうへい》**という人が明治10年の9月から翌11年2月まで『花月新誌《かげつしんし》』という雑誌に連載した**『楊牙児《ヨンゲル》ノ奇獄《キゴク》』**という作品だそうである。原著はオランダの作家**J・B・クリステメイエル**Jan Bastijaan Christemeijerで、原題は**『青年貴族ファン・ローデレイケ、または喜劇の題名から発覚した連続殺人』**といやに長ったらしいものだった。その題名からも窺えるとおり探偵小説だが、どうやらこれはまた日本で翻訳された最初の欧米の小説でもあったらしい。

「探偵小説の父」と呼ばれた黒岩涙香

こうした前史を経て、黒岩涙香《くろいわるいこう》という傑物が登場する。**ジュール・ヴェルヌ**Jules Gabriel Verneの**『月世界旅行』**、**アレクサンドル・デュマ**Alexandre Dumasの**『巌窟王』**、**ヴィクトル・ユゴー**Victor,Marie Hugoの**『噫無情《ああむじょう》』**など、今日も広く読まれている作品を紹介したとして知られる知の巨人である。涙香は新聞記者、小説家としても活躍したが、英語が堪能だったことから翻訳家としても名を成した。涙香によって、翻訳の世界はその風景が一変した。涙香は萬朝報《よろずちょうほう》という新聞を発刊、これを通して多くの探偵小説を翻訳・掲載して喝采を博した。

涙香が紹介した探偵小説はなんでも100作を超えるといわれており、後には「探偵小説の父」とまで呼ばれるようになった。しかも涙香は、翻訳に留まらず、ついには自らも探偵小説に手を染めた。明治22（1889）年7月5日に東京・築地で実際に起きた「海軍原の人殺し」と呼ばれた事件をモデルに書き上げた**『無惨』**という作品がそうである。この作品は萬朝報にではなく、単行本として発刊されたが、これが日本最初の探偵小説になった。ただ、この作品もポーの『モルグ街の殺人事件』、ドイルの『緋色の研究』同様、その評判は芳しくなかった。結局、涙香が著した探偵小説はこれだけに終わってしまった。

とはいえ、黒岩涙香の存在なくして西洋の探偵小説が明治という比較的早い時代に日本人に親しまれることはなかっただろう。まこと、「探偵小説の父」と呼ばれるにふさわしい業績である。

絶頂に達した後探偵小説のブームが沈静化

黒岩涙香が足場を築いた探偵小説は、翻訳物を中心に明治10年代から20年代にかけて着実に発展していった。そして、そうした風潮のなかから追随する人が出現するのは当然の成り行きであった。しかも、彼らのなかには翻訳物から脱して自ら探偵小説に手を染める者も少なからずいた。

その一人に**須藤南翠**《すどうなんすい》がいる。南翠はもっぱら政治小説を手がけたが、明治21(1888)年に発表した『**硝煙剣銃　殺人犯**』は探偵小説に近い。「近い」というのは筋立てそのものにいくぶん無理があり、厳密には探偵小説と呼べないからである。

尾崎紅葉《おざきこうよう》が主宰した硯友社出身の作家として『**婦系図**《おんなけいず》』で確固とした地歩を築いた**泉鏡花**《いずみきょうか》にも、いくつかの曲折の後に明治26(1893)年に世に出た『**活人形**《いきにんぎょう》』という探偵小説がある。純文学を扱っていた春陽堂が探偵小説に押されて方向を転換、「探偵小説」シリーズを発刊、その第

11集として刊行されたのがこの鏡花の『活人形』であった。これは評判がよかったという。

こうして明治10年代後期から20年代にかけて探偵小説は興隆期を迎えたが、この『活人形』が発刊された明治26年を境に批判されることが多くなり、次第に活力を失っていったという。皮肉なことに、イギリスではコナン・ドイルのホームズ物は絶頂期を迎えようとしていた。

第6節　明治半ばから低迷期に入った探偵小説

台頭した家庭小説に押されて停滞した探偵小説

明治20年代半ばに一つの頂点に達した探偵小説は、この後長い停滞期に入る。飽きられてしまったということもあるが、代わって明治30年代に台頭したのが家庭小説であった。今日に読み継がれる尾崎紅葉の**『金色夜叉』**、**徳冨蘆花**《とくとみろか》の**『不如帰**《ほととぎす》**』**などがその代表作である。この家庭小説の先駆けになったのが**菊池幽芳**《きくちゆうほう》である。幽芳は**『己**《おの》**が罪』『乳姉妹**《ちきょうだい》**』**などを大阪毎日新聞に連載して家庭小説というジャンルを確立、人気を博した。ただ、この間にも探偵小説は細々ながら翻訳され、また和製の探偵小説が書き継がれてもいたが、そんななか幽芳が家庭小説と並行して書いたのが**『宝庫探検　秘中の秘』**という探偵小説である。明治35（1902）年、やはり大阪毎日新

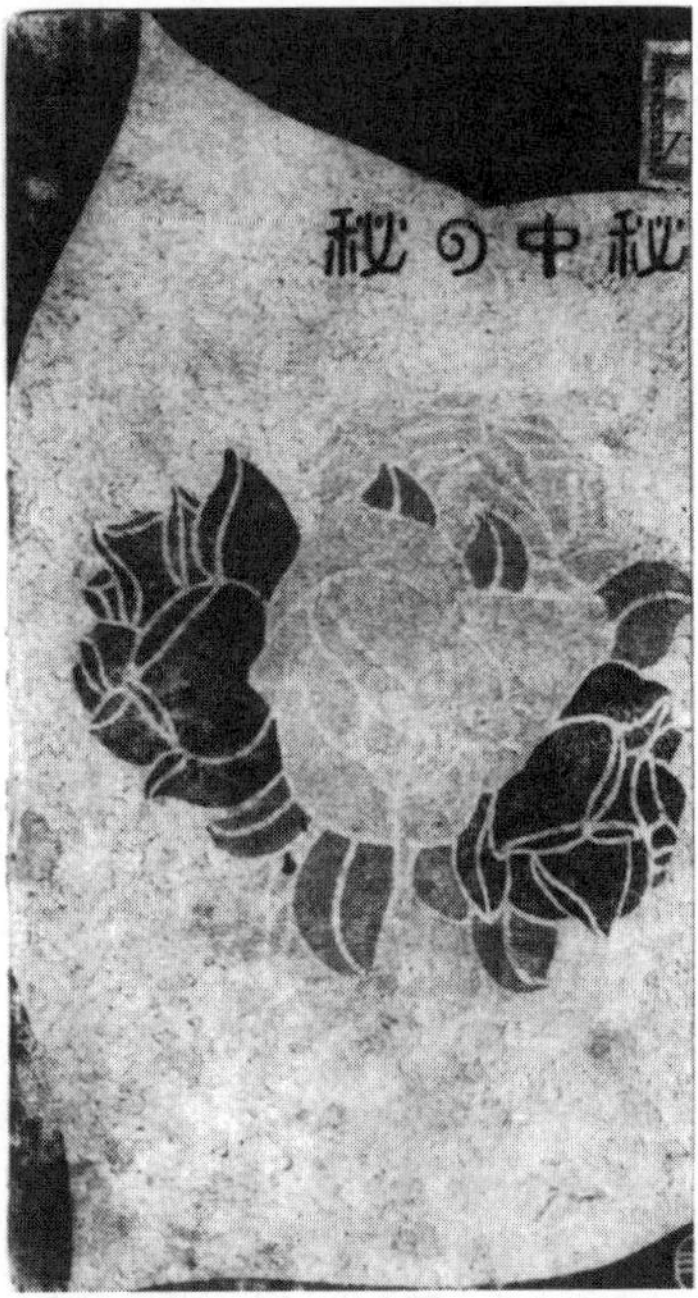

大正2（1913）年にまとめられた菊池幽芳の『宝庫探検 秘中の秘』後編の表紙
（国立国会図書館所蔵）

聞に連載した。

時代は大正に入る。その初期は探偵小説はまだ停滞の時期にあった。なかで、一つ特筆しておきたいのはあの文豪**森鷗外**《もりおうがい》が探偵小説に手を染めたことである。その作品の名を『**病院横町の殺人犯**』という。発表されたのは**夏目漱石**《なつめそうせき》『**草枕**』、**田山花袋**《たやまかたい》『**蒲団**』、泉鏡花『**歌行燈**《うたあんどん》』などを掲載して気を吐いていた『新小説』という雑誌で、この『病院横町の～』が掲載されたのは大正2（1913）年6月号である。ただ、これは鷗外の創作ではなくて翻訳で、原作はなんとポーの『モルグ街の殺人事件』だった。

江戸川乱歩の登場

文学界が家庭小説を主流に推移する時代に少年時代を送った平井太郎《ひらいたろう》という多感な少年がいた。

明治27（1894）年10月、三重県の名張町《なばり》（現在の名張市）で生まれ、父の転勤でその後同県亀山町（現在の亀山市）、名古屋市と転々とした後上京して早稲田大学に入った。

平井は幼少の砌《みぎり》、小説が好きだった母から新聞小説を毎日読み聞かせてもらうのが楽しみで、そんなことから小説に慣れ親しんでいった。そんな少年が強い刺激を受けたのが前述した菊池幽芳の『宝庫探検　秘中の秘』であった。6年生になった頃には、すっかり黒岩涙香に夢中になり、『巌窟王』『噫無情』『**幽霊塔**』などを読破したが、なかでも『幽霊塔』は印象に残ったという。

平井太郎はついには自らも探偵小説の筆を執ることを決心、大正11（1922）年に『**二銭銅貨**』と『**一枚の切符**』を書き上げた。ともに短編である。この『一枚の切符』は大正9（1920）年に試作した『石塊の秘密』を下敷きにしたものである。

こうして、初めて平井太郎が手がけた探偵小説が誕生したが、文学の世界になんの伝手もない新人が世に出るのは容易なことではない。平井太郎は**江戸川藍峯**《えどがわらんほう》を名乗り、この藍峯がどうも堅苦しいというのですぐに**江戸川乱歩**《えどがわらんぽ》に改めて早速売り込みにかかった。このペンネームが敬愛するエドガー・アラン・ポーをもじったものであることはいうまでもない。

乱歩はまず、当時探偵小説の評論などで活躍していた**馬場孤蝶**《ばばこちょう》に『二銭銅貨』と『一枚の切符』を送ったがなんの音沙汰もなく、ついに痺れを切らして送り返してもらうという屈辱を味わった後、大正9年に発刊されたばかりの『新青年《しんせいねん》』という雑誌の編集長をしていた森下雨村《もりしたうそん》に再送した。しかし、雨村からも多忙で読めないという理由で芳しい返事が得られず、腹を立てた乱歩はまたもや送り返してくれるよう強気の手紙を出したところ、これがかえって功を奏してようやく雨村が重い腰を上げてくれた。そして、雨村はこの2作を激賞、近く『新青年』に掲載するとまで言ってきた。

こうして、まず『二銭銅貨』が大正12（1923）年4月号に、『一枚の切符』が6月号に掲載された。いくつかの曲折はあったものの、後に押しも押されもせぬ探偵小説の巨魁になる江戸川乱歩がついにデビューを飾ったのである。乱歩29歳の時のことであった。以後、乱歩はこの『新青年』を足場に次々と作品を発表することになる。

なお、乱歩は早稲田大学を卒業後、貿易会社の社員、古本屋、しな蕎麦屋《そば》（つまりラーメン屋）、化粧品会社の支配人などと職業を転々、東京と大阪を行き来しながら居を変えるなど腰の据わらない生活を送っていた。大正8（1919）年には結婚もしたが失業中の身で、当然家計は困窮を極めた。『二銭銅貨』が掲載された時には、大阪の父の家に妻子ともども居候という身にあった。

第7節　探偵小説に深い翳を落とした昭和不況と太平洋戦争

改元早々不況に見舞われた日本

短かった大正時代が終焉して昭和を迎えた。しかし、昭和という時代は最初から多難な出発を強いられる運命にあった。昭和2（1927）年3月、大蔵大臣片岡直温が東京渡辺銀行が破綻したと失言、これがきっかけになって金融恐慌が発生した。大正12（1923）年9月1日に起きた関東大震災からようやく立ち直りつつあっただけにこの経済不況の痛手は大きく、失業した労働者が巷に溢れた。続いて昭和4（1929）年10月にはニューヨークのウォール街で株価が大暴落、世界恐慌が発生した。

日本も直撃を受けて不況が加速し、失業者の数もうなぎ上りに増えた。「大学は出たけれど」という映画が作られたのはこの年の9月のことである。これはそのまま流行語になった。

そんななか、江戸川乱歩もまた自らの内部で発生した恐慌に襲われていた。『二銭銅貨』の評判がよく、大正13（1924）年の終わりには専業作家になろうと決意、創作意欲も大いに高まっていたが、スランプに陥り、筆がまったく進まなくなってしまったのである。乱歩は、ここから長く雌伏の時を過ごすことになる。

乱歩にこの時代を語る面白いエピソードが残されている。

もともと乱歩には放浪癖があり、昭和2年には数カ月にわたって日本海沿岸を旅して歩いた。そして、富山県の魚津で見た蜃気楼が強く印象に残り、これをもとにした短編小説を書いた。この頃、後に乱歩二世と呼ばれることになる**横溝正史**が乱歩の推挙もあって『新青年』の編集長を務めていた。ある時名古屋で会合があり、乱歩に執拗に原稿を迫っていた正史がホテルで同室になった。その折、寝物語で乱歩が書くには書いたが、気に食わないので便所に捨ててきたといって正史を悔しがらせたという。しかし、この素材は乱歩自身も気に入っており、その後装いを改めて執筆を進めた結果、ようやく昭和4年に完成、これが『新青年』の6月号に掲載されて面目を施すことができた。この作品の名を『**押絵と旅する男**』という。先に挙げた『一枚の切符』とこの作品については後章でやや詳しく触れることになる。ともに鉄道推理小説だからである。

不況下にもかかわらず人気を博した探偵小説

先に述べたように、昭和初期は暗澹とした空気に満たされていたが、探偵小説界はいまだかつてない活況を呈していた。その原因はよくわからないが、一つには出版社が不況を打開するために文学全集の刊行に力を入れたからだろう。すでに大正時代末からいくつかの出版社が発行していたが、昭和に入ってその先鞭をつけたのは改造社の『現代日本文学全集』、新潮社の『世界文学全集』、春陽堂の『明治大正文学全集』が続いた。そして、このなかに探偵小説も多数含まれていた。これらは、装丁を簡略にして、定価を低く設定したからよく売れたという。

この現象を見て、当時小さな出版社にすぎなかった平凡社が企画したのが『現代大衆文学全集』である。一冊のページ数が1000ページ、それでいて定価は1円という廉価版

昭和3(1928)年9月1日発行の改造社刊『現代日本文学全集第14篇』。装丁は杉浦非水

である。この全集に当然ながら探偵小説家の作品も多数収録されたが、結構売れたという。名を連ねた探偵小説家は江戸川乱歩、**小酒井不木**《こさかいふぼく》、**岡本綺堂**《おかもときどう》、**甲賀三郎**《こうがさぶろう》、**林不忘**《はやしふぼう》、**大下宇陀児**《おおしたうだる》、**角田喜久雄**《つのだきくお》、**城昌幸**《じょうまさゆき》、**山本禾太郎**《やまもとのぎたろう》、**水谷準**《みずたにじゅん》、**佐々木味津三**《ささきみつぞう》、**野村胡堂**《のむらこどう》、横溝正史、**浜尾四郎**《はまおしろう》といった面々である。このうち、岡本綺堂、林不忘、角田喜久雄、佐々木味津三、野村胡堂は捕物作家である。

これらの作家の多くは、江戸川乱歩、横溝正史を除き、ほとんどの人が本職をほかに持つ兼業作家だった。一例を挙げるにとどめるが、小酒井不木は医学者、甲賀三郎は化学者だった。

このうち岡本綺堂は半七という目明し（岡っ引き）を主人公にした「半七捕物帳」シリーズで知られる作家である。林不忘は本名長谷川海太郎といったが、**牧逸馬**《まきいつま》、**谷譲次**《たにじょうじ》と3つのペンネームを持ち、なかでも一番有名な林不忘は隻眼《せきがん》の剣士が活躍する「丹下左膳《たんげさぜん》」シリーズ、牧逸馬は探偵小説、谷譲次は冒険小説を執筆した。佐々木味津三は、同心の近藤右門が謎解きに挑む「右門捕物帖」シリーズと旗本早乙女主水之介の「旗本退屈男」シリーズが一世を風靡した。角田喜久雄は探偵小説と捕物小説の2面で活躍、岡っ引きの銭形平次物は広く膾炙《かいしゃ》されている。

余談になるが、捕物小説は時代小説であって、果たして探偵小説と呼べるものだろうか。私見だが、これらも同心や岡っ引きが探偵として謎解きに奔走する推理物だから、時代設定が江戸時代とはいえこれもまた探偵小説の範疇に入れてよいだろう。ただ、趣をよほど異にするからこれ以上は立ち入らないことにする。

探偵小説は娯楽か芸術か——甲賀三郎と木々高太郎の論争

不況下にもかかわらず、昭和一桁時代の探偵小説界は盛況裡に推移したが、昭和6（1931）年9月、満洲事変が勃発すると、日本は次第に軍国へと傾斜していくようになった。

その同じ年の東京日日新聞7月16日、17日の学芸欄に甲賀三郎が「**探偵小説はこれからだ**」と題する評論を掲載した。その趣旨は、探偵小説には探偵的要素と小説的要素があり、両者は渾然と融和すべきだが、より重要なのは探偵的要素である。探偵的要素の希薄なもの、平たく言えば面白くないものは探偵小説とは呼べない、というものであった。これに真っ向から食いついたのが**木《き》々《ぎ》高《たか》太《た》郎《ろう》**だった。木々は「**愈〻甲賀三郎氏に論戦**」のなかで探偵小説が精髄に至れば至るほどそれは芸術に昇華する、つまり芸術小説になるのだと反論した。探偵小説史上有名な論争である。要は探偵小説は娯楽小説なのか芸術小説なのかという論争である。両者は互いに自説を曲げなかったが、これは恐らくこの時代のほとんどの探偵小説家が抱いていたであろう一種のコンプレックスのようなものが甲賀三郎によって炙り出され、問題提起されたと解釈するのが妥当だろう。短兵急に決着がつくような性質の論争ではなかったことだけは確かなことである。

軍国への道を歩み始めた日本に忍び寄る検閲と弾圧の嵐

昭和一桁時代が後半に入っても、探偵小説界はなお活況を呈していたが、執筆に行き詰まった江戸川乱歩は昭和7（1932）年3月に休筆宣言を発した。これは乱歩個人の問題で、世相とは関係がなかったが、この年には1月28日に上海で日本と中国が交戦状態に入り、3月1日には日本の傀儡《かいらい》国家・満洲国が建国された。続いて5月15日には海軍の青年将校が犬養毅首相を射殺する、いわゆる五・一五事件が発生するなど、次第に日本は不穏の度を深めてゆく。

そして昭和が10年代に入ると、昭和11（1936）年2月26日、皇道派の青年将校がクーデターを起こして高橋是清ら政府の要人を殺害する二・二六事件が発生、翌12年7月7日には日中戦争が勃発した。政治を軍が司るようになって、国民の暮らしは次第に窮屈なものになってゆく。そして、ついには翌13年4月1日、国家総動員法が公布され、国民は等しく国家の統制下に置かれることになった。社会主義、共産主義への弾圧も強くなってゆく。そしてついには「贅沢は敵だ」というスローガンが躍り、不急不要の旅行が制限されるようになった。

必然的に、文芸の分野もいわゆる「当局」なるものの厳しい監視下に置かれることになった。左翼的傾向のある作家や出版社、反戦を煽る作品はことに検閲が厳しくなった。

探偵小説作家とその作品も例外ではありえない。書き直しや削除を命ぜられたり、さらには発売が禁止されることも常態化するようになった。書籍の刊行に欠かすことのできない用紙も不足がちになり、物心両面でもはや書くこともままならない時代に突入したのであった。

日中戦争は長引き、昭和16（1941）年12月8日に日本軍がハワイの真珠湾を奇襲して太平洋戦争へと突入した。日本軍は、この緒戦こそ戦果を挙げたものの米軍の猛攻の前に敗北を重ねてゆく。そして、翌17年4月18日、東京、名古屋、神戸など日本本土への空襲が始まった。日本の敗北は必至の状態に陥った。あとは坂道を転がり落ちるだけ。

作家のほとんどは、それが純文学作家であれ大衆作家であれ、ただただ沈黙するしかなかった。抗しようものなら非国民のレッテルを貼られて糾弾されるのが落ちだった。探偵小説専門の雑誌も次々に廃刊になり、由緒ある『新青年』も探偵小説の掲載を見送るようになった。

かくて昭和20（1945）年8月6日、広島に、9日、長崎に新型爆弾、つまり原子爆弾が投下された直後の15日、天皇が戦争終結の詔書をラジオで放送した。完膚なきまでの敗戦であった。

大きな被害と深い喪失感を残して太平洋戦争は終結した。

第2章　探偵小説から推理小説へ

第1節　戦後の探偵小説の幕開けを告げた横溝正史

『本陣殺人事件』で登場した名探偵金田一耕助

太平洋戦争は、国土と国民に深い爪痕を残して、昭和20（1945）年8月15日に終結した。終戦後、いち早く長編の探偵小説を発表して注目を一身に集めたのが横溝正史である。終戦翌年の4月に創刊されたばかりの『宝石』誌上に12月号まで連載した『**本陣殺人事件**』が探偵小説の新境地を開いたとして高い評価を勝ち得たのだった。

戦後の探偵小説は横溝正史によって幕が開けられた。

正史は、『**恐ろしき四月馬鹿**《エイプリル・フール》』という恐怖小説を『新青年』の大正10（1921）年4月号に発表して表舞台に登場した。江戸川乱歩より7歳年下だが、その乱歩が『二銭銅貨』で登場したのより2年早い。以来、作家として、また『新青年』の編集長として精力的な執筆・編集活動を展開して、戦前にはすでに人気作家としての地歩を固めていたが、戦後満を持して書いたのがこの『本陣殺人事件』であった。

『本陣殺人事件』は、次の二つの点で一つの時代を築くことになった。その一つは、欧米では珍しくなかった密室物だったことで、これはまだ日本では手がつけられていなかった。どこにも出口のない密室で起きた犯罪事件を扱った日本で初めての探偵小説になった。

もう一つは、江戸川乱歩の明智小五郎と並ぶ名探偵金田一耕助《きんだいちこうすけ》がこの作品で誕生したことである。これまで名探偵といえば、男前で頭脳明晰というのが通り相場だったが、この金田一耕助は全くその対極にあった。もじゃもじゃ頭を時折ごりごり掻いては盛大にふけを飛ばす小柄な青年で、身につけている物もよれよれのフェルトの帽子に皺くちゃの袴、しかも下駄履きときている。つまり、まったくもって風采の上がらない探偵であった。

金田一探偵は、『本陣殺人事件』以降も同じ風体《ふうてい》のまま長い時代にわたって横溝作品の主役として活躍することになる。**『獄門島《ごくもんとう》』**（『宝石』に昭和22［１９４７］年1月号から翌23年10月号まで連載）、**『八つ墓村』**（『新青年』に昭和24年3月号から翌25年3月号まで連載）、**『犬神家《いぬがみけ》の一族』**（『キング』に昭和25年1月号から翌26年5月号まで連載）、**『悪魔が来《きた》りて笛を吹く』**（『宝石』に昭和26年11月号から昭和28［１９５３］年11月号まで連載）を始め、亡くなる昭和50年代半ばまで執筆が続けられ、そのすべてに登場する。正史は、戦時中岡山県吉備《きび》郡真備《まび》町（現在の倉敷市真備町）の山村に疎開していたが、多くはこの村で見聞きした素材が活かされている。

『宝石』の創刊と『新青年』の終刊

ここで、横溝正史が戦後初めて筆を執った『宝石』について触れておこう。

『宝石』は、新興の岩谷書店が終戦直後の昭和21（1946）年に創刊した探偵・推理小説誌で、正史が『本陣殺人事件』の執筆を開始した創刊号で早くも探偵小説を募集する広告を出した。審査員には水谷準、城昌幸とともに江戸川乱歩も名を連ねていた。

その第1回に応募して入選した7人の中に**香山滋**《かやましげる》、**山田風太郎**《やまだふうたろう》、**島田一男**《しまだかずお》の名前があった。それぞれ作風は全く異なったが、この3人は以後息長く活躍することになる。

正史のような既成の作家だけでなく、新人の発掘にも力を注いで戦後の復旧から復興に至る一時期、探偵小説界を牽引する役割を果たした功績は大きいといえよう。

一方で、『宝石』の創刊と入れ替わるようにして、大正9（1920）年の創刊以来、江戸川乱歩、横溝正史を始め、多くの探偵小説家を育て、その拠りどころともなってきた『新青年』が昭和25（1950）年7月号を最後に廃刊になった。晩年は博文館からいくつかの出版社を転々とし、細々ながら刊行が続けられてきたが、部数が伸び悩み、ついに終刊のやむなきに至った。その意味でも『宝石』が登場したことの意味は大きいといえよう。

なお、審査員を務めた乱歩は、戦時中から引き続いてこの年も新作を発表することはなく、もっぱら翻訳、既発表作の再録、座談会、随筆、評論、講演などでお茶を濁していた。

第2節「探偵小説」に代わって「推理小説」を提唱した木々高太郎

科学物・スリラー物も含めて「推理小説」と命名

昭和21（1946）年2月、新興の出版社雄鶏《おんどり》通信社が『推理小説叢書』を発行すると発表した。その会合に江戸川乱歩、木々高太郎、**海野十三**《うんのじゅうざ》、**小島政二郎**《こじませいじろう》らが出席した。

木々高太郎の肖像。昭和31（1956）年撮影（写真：Kodansha／アフロ）

ここで、叢書の名前に「探偵小説」ではなく、「推理小説」という言葉が使われていることに注目したい。というのは、これが「推理小説」という用語が用いられた嚆矢になったからである。

「推理小説」を提唱したのはこの会合にも顔を出している木々高太郎であった。木々は後にこう回想している。「（前略）その時に探偵小説を中心として、科学小説、スリラーでも全部入っている。そういう叢書をつくろうと考えたので小島政二郎さんにも来てもらった。ついてはその名称を、新しい、全部に共通する『推理小説』としたらどうか、ということになってみんな賛成したのです」

木々高太郎は明治30（1897）年生まれの大脳生理学者で本名は林髞《はやしたかし》といった。ペンネームの「木々」は「林」をもじったものである。もともと詩人だったが、昭和12（1937）年に『**人生の阿呆**』で第4回直木賞を受賞した。甲賀三郎との探偵小説芸術論争については先述した。

以後、「探偵小説」に代わって「推理小説」が主流になっていくことになるのだが、ただ「推理小説」が市民権を得るまでにはもう少しの時間を必要とした。


探偵作家クラブ賞と江戸川乱歩賞が創設される

昭和22（1947）年6月、江戸川乱歩を主軸にして探偵作家クラブが結成された。会員には乱歩のほかに大下宇陀児、横溝正史、**延原謙**《のぶはらけん》、木々高太郎、水谷準、角田喜久雄らがいた。そして、講演会や会員が役者を演じる探偵劇などを上演しながら結束を固めていった。

この探偵作家クラブは、発足翌年の昭和23（1948）年に活動の一環として探偵作家クラブ賞を設けて、既成作家、新人の別を問わずそれまでに発表された優れた作品を長編と短編に分けて顕彰することになった。その第1回の長編賞に選ばれたのが横溝正史の『本陣殺人事件』だった。短編賞は木々高太郎の『**新月**』が受賞した。

翌24年12月の第2回探偵作家クラブ賞を受賞したのは、後に無頼派の一人として知られるようになる**坂口安吾**《さかぐちあんご》が『日本小説』誌に昭和22年9月号から連載を開始、翌23年8月号で完結した『**不連続殺人事件**』だった。短編賞は山田風太郎の『**眼中の悪魔**』と『**虚像淫楽**』が受賞した。昭和25年は、長編賞で**高木彬光**《たかぎあきみつ》の『**能面殺人事件**』が、そして翌26年には大下宇陀児の『**石の下の記録**』が受賞した。

話が少し先走るが、探偵作家クラブは以後も盛んに活動を続け、昭和30（1955）年に日本探偵作家クラブと改名、さらに昭和38（1963）年に日本推理作家協会と改まって今日に至っている。現在も賞の授与は続けられており、優れた作家と作品を世に知らしめている。

推理小説の賞といえば、もう一つ忘れてはならない賞がある。江戸川乱歩の名を冠した江戸川乱歩賞である。新人の登竜門といった位置づけで、ここから有望な新人を発掘しようというのが主な目的の賞である。作品は公募に拠った。選考は昭和30年から始まり、その第1回は『**探偵小説事典**』を編んだ**中島河太郎**《なかじまかわたろう》が受賞、第2回は「ポケットミステリ」シリーズを刊行した**早川書房**と、評論家と出版社が受賞した。そして第3回以降長編小説の応募に舵を切った。最初に受賞したのは**仁木悦子**《にきえつこ》の『**猫は知っていた**』であった。仁木は難病の胸椎カリエスを病んでおり、歩行がままならないことから車いす生活を送っていた。

なお、この江戸川乱歩賞は第1回から第6回まで江戸川乱歩賞選考委員会が主催したが、第7回からは日本探偵作家クラブに移行、第9回以降は日本推理小説協会に引き継がれて現在に至っている。つまり、日本推理作家協会がともに運営にあたっているのである。

第3節　戦後の少年を夢中にさせた『少年クラブ』と『少年』

江戸川乱歩、少年向けの雑誌『少年』で活動を再開

話を元に戻そう。

昭和10年代前半から沈黙を守っていた江戸川乱歩は、戦時中は隣組町会の副会長だの翼賛壮年団の役員だのと、それが銃後を守る国民の務めと心得てこれらの活動に専念しており、戦後になっても創作の筆を執ることはなかった。そして旧作の再録、随筆、批評、座談会、講演などで糊口を凌いでいたが、公職追放という目にも遭って、なかなか創作の筆を執ろうとしなかった。

そんな乱歩が、戦後初めて新作に手を染めたのは戦後も3年半が流れた昭和24（1949）年の初めからで、少年雑誌の『少年』に『**青銅の魔人**』を1月号から連載を開始、12月号で完結した。

そして、翌25年、再び『少年』に『虎の牙』を1月号から12月号まで連載した。乱歩が戦前に生み出した名探偵明智小五郎が少年のヒーローとして復活した。このほか、報知新聞に『断崖』という短編を3月1日から12日まで連載した。

当時の少年の心の飢えを満たした少年雑誌の思い出

いささか私事にわたるが、ここで『少年倶楽部』と『少年』の二大少年雑誌の思い出を書き留めておきたい。

『少年倶楽部』は大正3（1914）年に大日本雄弁会（現在の講談社）が創刊した。日本における少年雑誌の草分けである。そして、戦後すぐの昭和21（1946）年4月号から誌名を『少年クラブ』に改めた。一方、『少年』が創刊されたのはその年の11月のことである。発行したのは講談社から枝分かれした光文社である。『少年クラブ』は『少ク』と略されることが多かった。

私が少年雑誌に親しみだしたのは、昭和23（1948）年、小学校3年の頃からだと記憶している。購読したのは『少ク』だった。まだ用紙不足の時代だったのでページ数も少なく、紙質も悪かったが、熱血小説あり、冒険小説ありユーモア小説あり、怪奇小説あり漫画ありと盛りだくさんで少年の夢を掻き立ててくれた。いつの頃からか組立工作を中心にした付録までつくようになって、私はこれにも夢中になった。なにしろ薄っぺらな雑誌だったから1日で読み終えてしまい、次号が待ちきれなくて発売日の何日も前から「もしかしたら発売日より早く届いているかもしれない」と淡い期待を抱いて本屋に駆けつけたものである。

仲間のうちには『少年』を購読している者もいた。『少ク』と『少年』を購入できる余裕は誰にもなかったから、読み終わると取り替えっこをしてこちらも貪るように読み耽った。

どちらも面白かった。まだテレビもない時代で、少年に夢を与えてくれるものといったら、少年雑誌しかなかったから『少年クラブ』『少年』の存在は本当にありがたかった。

なお、この二誌はあくまで男の子向けで、女の子に向けては『少女クラブ』『少女』があった。発行元はやはり講談社と光文社である。

第4節　日本の復旧と軌を一にして隆盛に向かった推理小説

新人の発掘に力を注いだ『宝石』

昭和20年代も中盤を迎えると、人心も少しずつ落ち着きを取り戻し、悪性のインフレに悩まされながらも日本は着実に復旧から復興への道を歩み始めていた。それにつれて推理小説もますます盛んになっていく。これには第1節で先述した『宝石』の力が与って大きかった。

この『宝石』誌が最も力を注いだのが新人の発掘である。発刊と同時に懸賞小説の募集を開始し、その第1回で香山滋、山田風太郎、島田一男ら7人が入選したことは先述したが、昭和23（1948）年には高木彬光の『**刺青殺人事件**』が選ばれ、「宝石選書」の一環として刊行された。そして翌24（1949）年には**中川透**《なかがわとおる》の『**ペトロフ事件**』が長編部門の1等に選ばれた。

この中川透こそが後に鉄道ミステリーの第一人者として、また鉄道ミステリーの短編を集めたアンソロジーを編集した**鮎川哲也**《あゆかわてつや》である。

江戸川乱歩は、この潮流を「第三の山」と表現してその復活と興隆を喜んだ。こうして、探偵小説（推理小説）界は昭和20年代後半、日本の戦後復興と軌を一にして右肩上がりの成長を続けることになる。

第5節　ますます推理小説が盛んになった昭和30年代

尻すぼみに終わった探偵小説論争

昭和が30年代に入った。

昭和31（1956）年7月、経済企画庁が経済白書を発表、そのなかで「もはや『戦後』ではない」と高らかに宣言した。日本はもはや戦後復興を成し遂げた、だからもう戦後というのはよそうと国民に呼びかけたのである。折しも日本経済は神武景気のただなかにあった。

話は少し遡るが、この年の3月31日、探偵作家クラブの会合で一つの論争が行われた。内容は「探偵小説とは何ぞや」といったことで、江戸川乱歩、大下宇陀児、木々高太郎が論陣を張った。戦前の甲賀三郎と木々高太郎の論争の延長上で論争が交わされることになったわけだが、木々が相変わらず探偵小説は文学であらねばならないと主張したのに対して、乱歩は「それが探偵小説本来の論理的興味を充たしてくれないものであっては困る」とやんわりと反論した。しかし、乱歩によるとこの論争はこれ以上発展することなく窄《しぼ》んでしまった。理由は、「結局どういう作品が木々君の理想とするものかがわからないので、論争のしようがなかった」（乱歩）からであった。しかし、こうした思惑とは無縁に、推理小説はブームともいえる活況を呈していた。

推理小説で頭角を現した芥川賞作家の松本清張

昭和32（1957）年、日本交通公社（現在のジェイティービー。出版部門はＪＴＢパブリッシング）が発行する旅行雑誌『旅』の2月号から『**点と線**』という推理小説の連載が始まった。作者は『**或る「小倉日記」伝**』で昭和28（1953）年に芥川賞を受賞した**松本清張**《まつもとせいちょう》である。清張にとって『点と線』は短編の『**張込み**』（昭和30年）に続いて筆を執った第2作目の推理小説だった。連載は翌年1月号までの1年に及び、翌年光文社から単行本として刊行された。そして、たちまち大ベストセラーになった。

松本清張はこの後、本来の持ち分である純文学から少し距離を置いて堰を切ったように『週刊読売』に『**眼の壁**』（昭和32年）、『太陽』『宝石』に『零の焦点』（後『**ゼロの焦点**』と改題）、『女性自身』に『**波の塔**』（昭和35年）と休む暇もなく推理小説の長編力作を発表、いつしか「**社会派推理小説家**」と呼ばれるようになった。

なお、松本清張は『点と線』を連載中の昭和32年、短編集『顔』で第10回日本探偵作家クラブ賞を受賞した。

昭和30年代に登場した多彩な顔ぶれ

昭和30年代（それ以降も含めて）に頭角を現した推理作家には前述した鮎川哲也、松本清張、島田一男、仁木悦子のほか、『**かむなぎうた**』で『宝石』の百万円懸賞小説で鮎川哲也に次ぐ2等に入賞した**日影丈吉**《ひかげじょうきち》、『**四万人の目撃者**』で昭和34（1959）年の日本探偵作家クラブ賞を受賞した**有馬頼義**《ありまよりちか》、『**濡れた心**』で昭和33年の江戸川乱歩賞（以下乱歩賞と略）、『**落ちる**』で直木賞を受賞した**多岐川恭**《たきがわきょう》、『**招かざる客**』（後『**招かれざる客**』と改題）が昭和34年の乱歩賞の候補になったが惜しくも受賞を逃した後、昭和36年の日本探偵作家クラブ賞（昭和38［１９６３］年より日本推理作家協会賞）を『**人喰い**』で受賞した**笹沢左保**《ささざわさほ》、『**枯草の根**』で昭和36年の乱歩賞を受賞した**陳舜臣**《ちんしゅんしん》、『**海の牙**』で昭和36年の日本探偵作家クラブ賞を受賞、『**雁の寺**』で同年の直木賞も受賞した**水上勉**《みずかみつとむ》、『**大いなる幻影**』が昭和37年の乱歩賞を受賞したシャンソン歌手の**戸川昌子**《とがわまさこ》、『**華やかな死体**』で同年の乱歩賞を受賞した**佐賀潜**《さがせん》といった名前が挙げられる。

いずれもその後長く推理小説や他の分野で旺盛な活動を続けることになる作家である。昭和30年代は推理小説界が豊饒な果実を満喫した時代になった。

なお、戦後すぐの創刊から何度も経営難に見舞われながらも細々と刊行を続けてきた『宝石』がついに命脈尽きて、昭和39（１９６４）年5月の創刊２５０号記念特集号を最後に廃刊になった。

第6節　二大大賞でたどる昭和後期の推理小説

昭和40年代に登場した多彩な顔ぶれ

前節に続いて、昭和40年代から活躍を開始した作家の主な顔ぶれと作品を、日本推理作家協会賞（以下協会賞と略）、乱歩賞の受賞者のなかから概観してみよう。

まず協会賞だが、昭和42（1967）年には三好徹《みよしとおる》の『風塵地帯』が受賞した。三好徹は読売新聞の記者をしながら推理小説を書き続け、前年の昭和41年の『光と影』でデビューした後翌42年に『聖少女』が直木賞を受賞した作家である。

昭和48（1973）年には夏樹静子《なつきしずこ》が『蒸発――ある愛の終わり』で、そして森村誠一《もりむらせいいち》が『腐蝕の構造』で同時受賞した。続いて昭和49年には小松左京《こまつさきょう》が『日本沈没』で受賞した。

一方、乱歩賞は昭和40（1965）年に西村京太郎《にしむらきょうたろう》が『事件の核心』（後『天使の傷痕』と改題）で受賞した。次いで、41年には斎藤栄《さいとうさかえ》が『王将に児あり』（後『殺人の棋譜』と改題）、44年には森村誠一が『高層の死角』、翌45年には大谷羊太郎《おおたにようたろう》が『殺意の演奏』で受賞した。続いて47年に和《わ》久一《くはじめ》こと和久峻三《わくしゅんぞう》『華麗なる影』（後『仮面法廷』と改題）、49年に小林久三《こばやしきゅうぞう》『暗黒告知』がそれぞれ受賞した。

森村誠一は協会賞と乱歩賞をともに受賞するという快挙を成し遂げたが、俯瞰してみると両部門ともその後も長く活躍している作家が多いことに驚く。

昭和50年代に登場したベテランと新人

時代は戦後も早30年を経過した昭和50年代を迎える。この年代も協会賞と乱歩賞の受賞者の主な顔ぶれを見てみよう。

まず協会賞だが、昭和50（1975）年は**清水一行**《しみずいっこう》が『**動脈列島**』で受賞した。協会賞はこれまで長編、短編の区分はなかったが、次の昭和51年からは長編と短編、評論その他の部門に分けて賞が与えられることになった。しかし、その51年と翌年は長編部門の該当作はなく、短編賞を**戸板康二**《といたやすじ》の『**グリーン車の子供**』、**石沢英太郎**《いしざわえいたろう》の『**視線**』がそれぞれ受賞、昭和53年に長編部門で**泡坂妻夫**《あわさかつまお》『**乱れからくり**』と**大岡昇平**《おおおかしょうへい》の『**事件**』が受賞、翌年短編部門では**阿刀田高**《あとうだたかし》の『**来訪者**』が受賞した。大岡昇平といえば、昭和24（1949）年に『**俘虜記**』で横光利一《よこみつりいち》賞を、昭和27（1952）年に『**野火**』で読売文学賞を受賞、以後も毎日出版文化賞、新潮社文学賞を受賞するなど主に戦記物で知られる巨匠である。

昭和56（1981）年の第34回の長編部門で西村京太郎が『**終着駅《ターミナル》殺人事件**』で、短編で仁木悦子が『**赤い猫**』と**連城三紀彦**《れんじょうみきひこ》が『**戻り川心中**』で受賞した。

西村京太郎は昭和40年の第11回乱歩賞に続く受賞で二冠達成である。仁木悦子もまた、なんと昭和32（1957）年の第3回の乱歩賞以来23年ぶりの受賞で健在ぶりをアピールした。

昭和57年は長編が**辻真先**《つじまさき》の『**アリスの国の殺人**』、短編が**日下圭介**《くさかけいすけ》の『**鶯**《うぐいす》**を呼ぶ少年**』と『**木に登る犬**』が受賞。日下圭介もまた、昭和32年の乱歩賞以来2度目の受賞だった。

昭和58（1983）年は長編が**胡桃沢耕史**《くるみざわこうし》の『**天山を越えて**』、そして59年、昭和50年代の掉尾を飾ったのは、長編が**加納一朗**《かのういちろう》の『**ホック氏の異郷の冒険**』、短編が**伴野朗**《とものろう》『**傷ついた野獣**』だった。

次は乱歩賞だが、主なところでは昭和50（1975）年の日下圭介の『**蝶たちは今…**』、51年は伴野朗の『**五十万年の死角**』、53年は**栗本薫**《くりもとかおる》の『**ぼくらの時代**』、55年は**井沢元彦**《いざわもとひこ》の『**猿丸幻視行**』、57年は**岡嶋二人**《おかじまふたり》の『**焦茶色のパステル**』、58年は**霧神顕**《きりかみあきら》（後の高橋克彦《たかはしかつひこ》）の『**蝋画**《ろうが》**の獅子**』（後『**写楽殺人事件**《しゃらくさつじんじけん》』と改題）、そして59年は**鳥井加南子**《とりいかなこ》の『**天女の末裔　殺人村落調査報告書**』がそれぞれ受賞した。こちらは途切れることなく受賞者が続いたことになる。これらの名前のなかには何度か落選の憂き目に遭いながらあきらめずに挑戦を続けて受賞を果たした人も数人含まれている。

日下圭介は昭和32年以来18年の歳月をおいての受賞、またこの後57年には前述したように協会賞の短編部門でも受賞した。伴野朗もまた、昭和59年の協会賞を短編部門で受賞している。鳥井加南子はこの後**鳥井架南子**《とりいかなこ》を名乗ることになる。

昭和50年代もまた、既成作家も大いに気を吐くとともに新人が陸続と登場した年代になった。


短かった昭和60年代北方謙三・逢坂剛・東野圭吾が登場

時代は昭和60年代に入ったが、裕仁天皇（諡名昭和天皇）が昭和64（1989）年1月7日に崩御してわずか4年で終わりを告げた。

引き続きこの年代の主な受賞者と受賞作を挙げる。

協会賞は昭和60（1985）年に長編部門で**北方謙三**《きたかたけんぞう》の『**渇きの街**』、61年に長編部門で岡嶋二人の『**チョコレートゲーム**』と**志水辰夫**《しみずたつお》の『**背いて故郷**』、62年の長編部門で**逢坂剛**《おうさかごう》の『**カディスの赤い星**』が受賞した。岡嶋二人は昭和57（1982）年の乱歩賞に続いての受賞である。

乱歩賞は昭和60年が**東野圭吾**《ひがしのけいご》の『**放課後**』と**森雅裕**《もりまさひろ》の『**モーツァルトは子守唄を歌わない**』、61年が**山崎洋子**《やまざきようこ》の『**花園の迷宮**』、62年が**石井敏弘**《いしいとしひろ》の『**ターン・ロード**』（後『風のターン・ロード』

と改題)、そして63年が坂本光一《さかもとこういち》の『白色の残像』が受賞した。このなかにも初めて応募して受賞した人だけでなく何度か応募して受賞にこぎつけた人がいる。

以上、長かった昭和時代を通覧してみて、推理小説の歴史が連綿と綴られてきたことに改めて感嘆させられる。明治時代から始まる日本の推理小説はこれまでにも夥しい作品(受賞に至らなかった作品も含めて)が送り出されてきたが、トリックがよくもまあネタ切れにならないものだと、これにも感心させられる。

第7節　脈々と連なる推理小説の山並み

平成時代を彩るベテランと新人

平成時代に入る。当然のことだが、協会賞はともかく、乱歩賞は後年になればなるほどまだ評価が定まらない人が多くなるのはやむを得ない。この時代は28年を通して今日盛んに創作活動を展開している作家を中心に見渡してみることにする。

まず平成一桁時代の日本推理作家協会の有力会員が選ぶ協会賞は、主だったところで平成3(1991)年の大沢在昌《おおさわありまさ》の『新宿鮫』、翌4年の綾辻行人《あやつじゆきと》の『時計館の殺人』と宮部《みやべ》みゆきの

『龍は眠る』、平成5年の高村薫《たかむらかおる》の『リヴィエラを撃て』、6年の中島らもの『ガダラの豚』、7年の藤田宜永《ふじたよしなが》の『鋼鉄の騎士』、8年の京極夏彦《きょうごくなつひこ》の『魍魎《もうりょう》の匣《はこ》』、9年の真保裕一《しんぼゆういち》の『奪取』がそれぞれ受賞した。いずれも長編である。

乱歩賞はどうだろう。平成一桁代の受賞者としては5年の桐野夏生《きりのなつお》が目立つ存在だろう。『顔に降りかかる雨』で受賞した。

続いて平成10年代。

協会賞は10年に桐野夏生が『OUT』で受賞した。桐野は5年の乱歩賞に続く受賞である。これで桐野の評価は確定したといえよう。11年は東野圭吾の『秘密』、12年は天童荒太《てんどうあらた》の『永遠の仔』と福井晴敏《ふくいはるとし》の『亡国のイージス』、14年は法月綸太郎《のりづきりんたろう》の短編『都市伝説パズル』、15年には有栖川《ありすがわ》有栖《ありす》『マレー鉄道の謎』、16年は短編で伊坂幸太郎《いさかこうたろう》『死神の精度』、18年は恩田陸《おんだりく》『ユージニア』がそれぞれ受賞した。すでにおなじみの作家である。

一方、乱歩賞は平成10年の池井戸潤《いけいどじゅん》『果つる底なき』、福井晴敏『12〈twelve Y.O.〉』、19年の曾根圭介《そねけいすけ》『沈底魚』あたりが目立つ。

先にも述べたように、協会賞はその年の最も優れた作品を有力会員が選ぶシステムであり、乱歩賞は応募作品の中から選抜される。だから、協会賞はすでに実績を重ねた人が中心になり、乱歩賞は新人の登竜門といった趣を持つ。

平成20年代の協会賞の主な作家と作品としては、20年の**今野敏**《こんのびん》の『**果断　隠蔽捜査2**』、21年の**道尾秀介**《みちおしゅうすけ》の長編『**カラスの親指**』、**曾根圭介**の短編『**熱帯夜**』、24年の**湊かなえ**《みなと》の短編『**望郷、海の星**』といったところが目にとまる。もちろんこの間、乱歩賞も途切れることなく受賞者を輩出しているが、これらの受賞者の活躍はこれからというところである。

早いもので平成時代もすでに28年が流れた。この歳月は決して短いものではない。そしてこの間、日本推理作家協会賞と江戸川乱歩賞は一度も途切れることなく連綿と紡がれてきた。平成28（2016）年で協会賞は69回、乱歩賞は62回を数える。昭和10（1935）年に開設された芥川賞、直木賞には及ばないものの、これは半端な数字ではない。

推理小説の需要がある限り、この両賞はこれからも回数を積み重ねてゆくことだろう。この先、どういう作家が誕生し、大きく飛翔することだろうか。楽しみなことである。

受賞はならなかったが大きく羽ばたいた作家たち

最後に、協会賞、乱歩賞の受賞歴こそないが、旺盛な作家活動を通して不動の地位を獲得した作家を数人挙げておこう。

まず長老格の**内田康夫《うちだやすお》**。昭和55（1980）年に『**死者の木霊**』で作家デビュー、以後陸続と力作を発表した。東京北区が主催する北区内田康夫記念文学賞に深くかかわっている。

次に昭和63（1988）年に『**幸福な朝食**』で日本推理サスペンス大賞で優秀賞を得た**乃南《のなみ》アサ**もその後の活躍は目覚ましい。この後、平成8年に『**凍える牙**』で直木賞を受賞した。

赤川次郎《あかがわじろう》は昭和51（1976）年のオール読物推理小説新人賞を『**幽霊列車**』で受賞してデビューを飾った。その後超売れっ子になった。

島田荘司《しまだそうじ》は、昭和55年の乱歩賞の選考で『**占星術のマジック**（後『**占星術殺人事件**』と改題）』が候補作にノミネートされたが、惜しくも受賞は逃した。その後協会賞にも連続8回ノミネートされたがこちらは選考に先がけて本人が辞退を申し出た。しかし、その後の活躍は目覚ましい。

第2部

世相や社会を映す鉄道ミステリー

第1章　推理小説の中の鉄道ミステリー

第１節　鉄道ミステリーとはなんぞや

案外むずかしい鉄道ミステリーの定義

鉄道ミステリーを一言で定義づけるのは案外むずかしい。推理小説の範疇に、そもそも鉄道ミステリーというジャンルが存在するのかどうかさえ疑わしい。これは洋の東西、古今を問わない。というのは、これまでに鉄道が登場する作品は枚挙に遑《いとま》がないほど生み出されてきたものの、鉄道が「推理」に絡む作品となるとかなり限られてくるからである。鉄道にどのくらい物語の比重が置かれているかが、あるいはその分水嶺になるのかもしれない。

しかし、では仮に江戸川乱歩の『押絵と旅する男』（昭和４［１９２９］年）はどうだろう。短編だが全編が北陸から上野に向かう急行列車の車内で語られる怪奇幻想譚である。だから鉄道の比重は高いのだが、これなど舞台は別に列車内でなくて、状況設定さえ適切なら場末の食堂でもいいわけである。その結果として、ああこれは鉄道推理だ、これは鉄道が書かれているが実質は鉄道物ではないなどと、作品単位で規定してゆくしかないだろう。

とはいえ、目くじら立てて詮索するほどのことでもあるまいとも考える。鉄道ファンには欲求不満が募り、消化不良を起こさせてしまうかもしれないが、ここは軽いノリで気ままに推理小説というジャングルを渉猟《しょうりょう》するのが一番いいことなのかもしれない。推理小説は別に純文学ではないし、あくまで娯楽小説なのだからそこまでアカデミックに分析する必要はさらさらないだろう。という次第で、ここからは気ままに鉄道ミステリーを渉猟することにしたいが、ここで予めお断りしておかなくてはならないことが一つある。というのは、先にも述べたようにこれまでに世に送り出された鉄道ミステリーはなにしろ膨大で、とてもそのすべて、いや百分の一、千分の一、いやいや万分の一も取り上げることはできないということである。

早い話、西村京太郎は一人で500冊を超える鉄道ミステリーを書いている。それを紹介するとなると、それだけで優に10冊の本ができあがるだろう。それに第一、私自身が鉄道ファンで鉄道ミステリーが大好きだといっても、これまでに読んだ作品となると微々たるものである。だから、本書では極めて恣意的、極端にいえば私の好み、独断と偏見も交えて作品を選択することをお許し願いたい。

それからもう一つ、推理小説を紹介することほどむずかしいものはないということ。犯人が先にわかっている倒叙物はともかくとして、本格推理の場合（これがほとんどだが）結末は絶対に明かせないということである。読者の興味が失せてしまうことを恐れるからである。そのためにどうしても歯切れが悪くならざるを得ない。これも併せてお許し願いたい。まことに隔靴掻痒《かっかそうよう》の感があるがやむを得ない。

世相や風俗、社会情勢を映す鉄道ミステリー

別に鉄道ミステリーに限ったことではなく、そのほかの推理小説、いや広く文学全般についていえることだが、書かれた時代の世相や風俗、社会情勢が敏感に反映されていることが多い。

しかし、なかでも鉄道ミステリーは鉄道に則してこれらを濃厚に映しているという点でその傾向が特に強いように感ぜられる。なぜなら、日本の鉄道ミステリーでは列車や列車の運行時刻がアリバイ作りやアリバイ崩しに使われることが多いが、当時の時刻表が小道具として使われていることが多いし、列車の編成もよく織り込まれているからである。たとえ列車や時刻が架空のものだとしても、作者はなにかを参考にしているだろうし、描かれる車内や駅には書かれた当時の風俗が反映されていることが多い。

一例を島田一男の「鉄道公安官」シリーズの第1作『鉄道公安官』（昭和35［1960］年）に求めてみよう。この作品には当時の山陰急行「出雲」と長崎急行の「雲仙」が登場するが、時刻表に掲載されている列車の編成表を見ると、両列車の車両編成が正確に描写されていることが

わかる。もちろん、両急行の運行時刻も正しい。そして、全編を通して当時の風俗が生き生きと描かれている。今改めて読み返すと、往時の鉄道状況が髣髴《ほうふつ》と浮かび上がってくる。若い鉄道ファンにしても、その頃の鉄道模様を想像できるというのはそれはそれで楽しいことに違いない。

私は文学作品に登場する鉄道全般を「もう一つの鉄道史」と呼ぶことが多いが、編年体あるいは時系列で書かれた鉄道史とは違って、文学作品にはいわば鉄道通俗史とでもいった趣がある。これは鉄道ミステリーのはからざる副産物といってもいいのではなかろうか。

鉄道ミステリーに接する際、単に謎解きとかアリバイ崩しという面だけでなく、もちろんこれこそが醍醐味であることは否定しないが、このような社会背景にも留意して読むと、より一層楽しめるのではなかろうか。

第2章　草創期のイギリスの鉄道ミステリー

第1節　イギリスの鉄道ミステリーの始まり

勃興期の鉄道ミステリーはなぜイギリスに多い？

英文学者にして大の鉄道ファン、おまけにシャーロッキアン（シャーロック・ホームズの熱烈なファンの愛称）である**小池滋氏**が編んだ**『世界鉄道推理傑作選』**（講談社文庫）というアンソロジーがある。1、2巻に分かれており、1巻は主に素人探偵、2巻は主にプロの探偵が登場する作品と分類されている。それはいいのだが、表題に「世界」と銘打ってあるにもかかわらず、収められた作家は一人を除いてなぜかすべてイギリス人である。

このことについての小池滋氏の説明は明快である。

「なにしろ鉄道というのは、イギリスが世界ではじめて作り出し、もっとも早く発達させ、世界最高の水準にまでもたらしたものなのだから。（中略）その上鉄道に関係した文章だけについてみても、その質の高さ、量の多さ、その愛読者の層の厚さ、いずれをとってもイギリスにかなう国はあるまい。鉄道を背景にしたミステリーも、そうした文章の一部と考えてよいだろうから、イギリスがこのアンソロジーを独占せんばかりの形勢となっても、不思議はないのである」

ロンドンにあるパブ『シャーロック・ホームズ』(上)と、その2階に復元されているホームズの書斎(撮影:筆者)

と、これは第1巻の解説の一部だが、いささか身贔屓といった観なきにしもあらずではあるが、まずは妥当な解釈だろう。

というわけで、この章では、小池氏の顰《ひそ》みに倣って、まずはイギリスの草創期の鉄道推理小説を『世界鉄道推理傑作選』を参考にしながら繙いてみることにしよう。「草創期」と冠したのは、私が浅学でその後の海外の推理小説に全く精通していないからで、これはご寛恕《かんじょ》願う。

鉄道ミステリーの始まりはディケンズかドイルか

第1章で述べたように、鉄道ミステリーとそうでない作品の区分けはむずかしい。イギリスの探偵小説の草創期のそのまた初期の鉄道物を詮索するとして、はたして誰がその先鞭をつけたのだろう。

1898年に発表されたコナン・ドイルArthur Ignatius Conan Doyle（1859年―1930年）の『**消えた臨急**（The Lost Special）』は走行中の列車が乗客・乗務員ごと消えてしまうのだから、これは紛れもなく鉄道ミステリーである。本格物の鉄道推理としてはおそらくこれが嚆矢といっていいだろう。

コナン・ドイル。後には「サー」の称号を授けられた
©Popperfoto／Getty Images

一方、小池滋氏は**チャールズ・ディケンズ**Charles John Huffam Dickens（1812年―1870年）の『**信号手**（The Signalman)』を、

多分にためらいながらも『世界鉄道推理傑作選2』に収録している。こちらは幻視に悩まされる信号手を主人公にした怪奇小説で、推理小説としての要素は至って少ない。

第一、ディケンズは推理小説作家ではない。それどころかイギリスを代表する大文豪である。『**オリバー・ツイスト**』『**クリスマス・キャロル**』『**デイヴィッド・コパフィールド**』『**二都物語**』『**大いなる遺産**』などの文芸小説を思い浮かべる方も多いことだろう。

仮にこの『信号手』を鉄道ミステリーと規定すると、こちらが発表されたのは1866年のこと、『消えた臨急』より30年以上も早い。

どちらを嚆矢とするかの詮索はさて措くとして、ここはそれこそ「軽いノリ」で発表順に眺めることにしよう。

『信号手』（1866年）

人気の全くない、線路の両側が高い崖になった、すぐ先に暗いトンネルが口を開けている小さな信号場が舞台で、散歩で訪れた「私」と、髪の毛が黒く、口髭を生やした顔色の悪い信号手が出会って会話を交わす。彼は悩みを抱えているが、それがどういう悩みなのかうまく説明できないでいる。2度目に訪ねた時、信号手はトンネルの入口の闇のなかに左腕で顔を隠しながら右の腕を激しく振っている男がいるのだがそれが誰なのかわからないのだと、不可思議なことをいった。彼はそれを幽霊だというが、その幽霊が手を振ると決まって事故が起きて死傷者が出るのだ。信号手が悩んでいたのは、なぜ幽霊が出ると決まって事故が起きるのかということだった。3度目に「私」が訪ねた時、ついに「私」も激しく手を振っている幽霊を見た。そして事故が発生したことを知るのだが、この時犠牲になったのは……?

確かに位置づけがむずかしい小説に違いないが、日本における草創期にこのような怪奇譚、幻想譚が高い比重を占めていたことに鑑みて、あえて推理小説と位置づけたい。

『消えた臨急』(1898年)

フランスのマルセーユで死刑の執行を待つエルベドール・ド・レルナックの告白から物語が始まる。1890年6月3日にリヴァプール~マンチェスター間で起きた、個人が仕立てた臨時列車が乗客ごと消えてしまった事件の犯人を示唆した告白で、つまりは倒叙物である。

この日、ムシュウ・ルイ・カラタルという紳士がリヴァプール中央駅の駅長に一刻も早くパリに行かねばならない、金に糸目はつけないから臨時列車を出してくれるよう申し出た。その願いが聞き届けられてカラタルを乗せた2両の客車と車掌車を牽いた機関車は同駅を4時31分に発車した。列車は次のコリンズ・グリーン駅、アールズタウン駅、ニュートン駅、ケニヨン・ジャンクション駅を定刻に通過した。ところが次駅のバートン・モスからは「臨時列車当駅未着」との連絡が入ったのである。すぐに捜索が開始されたが、列車の行方は杳《よう》としてしれず、また客も乗務員も見つからず、ついにこの事件は迷宮入りしてしまった。事件の真相が判明するのは、数年後、犯人のレルナックから犯罪を誇示する告白が世に出てからのことである。

これでわかるように、この物語は倒叙物でもあり、また本格物でもあるが、前節でも述べたようにシャーロック・ホームズは登場しない。犯人のレルナックが事の真相を語る、つまりは探偵の役を兼ねているわけである。

少し側線に入るが、なぜホームズは登場しないか。じつはこの時、シャーロック・ホームズはすでにこの世にいなかった（ことになっていた）からである。第1部第1章第2節で述べたように、スイスのライヘンバッハの滝で宿敵モリアーティ教授と格闘の末に果てていたから、ドイルはホームズを登場させるわけにはいかなかったのである。といって新たな探偵を創造することもままならず、ドイルは苦肉の策として犯人に真相を語らせることにしたのだった。

ホームズとその創始者ドイルが鉄道を好んだかどうか定かではない。ホームズはロンドンのベーカー街221Bに事務所を構えて、イングランドのあちこちに足を延ばしたが、ロンドン市中では主に馬車を利用した。すでに地下鉄も開通していたが、街のどこにいても簡単につかまえられる馬車のほうがはるかに機動的で手軽だったからだろう。地下鉄は駅まで行かなくてはならず、そこからまた地下に降りなくてはならなかった。もっとも当時のロンドンの地下鉄はそんなに深くはなかった。今は線路の断面から「チューブ（管）」と総称されることが多いが、初期の地下鉄は「サーフェス（地表）」と呼ばれてごく浅かった。にもかかわらずホームズにとっては不便な乗り物だった。もちろん、ロンドンから地方に足を延ばす時は相棒のワトソンとともに汽車で移動した。長距離を移動するには汽車に頼らざるをえなかったからである。

ホームズ譚には駅や車中を描写した作品も多く見受けられるのだが、残念ながらこのなかに鉄道ミステリーはほとんどない。

『ブルース・パティントン設計書（The Bruce-Partington Plans）**』**（１９０８年）はその唯一の鉄道ミステリーである。ただし、これは地下鉄を舞台にした推理小説である。

この作品は、ホームズ亡きあとに書かれたにもかかわらず、ホームズが登場するホームズ譚である。というのは、読者の熱烈な要望に応えてドイルは一度死なせたホームズを**『空家の冒険**（The Empty House）**』**（１９０３年）で苦しい設定をして生還させていたからである。その5年後に書かれたのがこの作品である。

新聞を漁っても食指が動くような事件がなく、依頼人もなくて無聊をかこっていたホームズを兄のマイクロフト・ホームズが訪ねてくる。マイクロフトは政府の課報機関の幹部で、造兵所のカドガン・ウエストという若い役人が地下鉄オルドゲート駅近くで死体で発見された件でやってきたのだった。この件は事故としてすでに処理されていたが、マイクロフトは真相を調べるようホームズに依頼する。カドガンはなぜか国家機密である「ブルース・パティントン式潜航艇」の設計書を懐に所持していたが、10枚のうち3枚が欠けていた。どうやらカドガンの死は事故ではなく、犯罪の匂いがするというのがマイクロフトの見立てだった。こうして捜査に乗り出したホームズが見事に解決に導くという話である。

ちなみに、ロンドンの地下鉄は1863年に開通した世界最古の地下鉄である。メトロポリタン鉄道という私鉄が建設、その後ほかの私鉄も参入してホームズの時代には路線網が飛躍的に拡大、この作品が発表された頃にはもうロンドン中に広がっていた。

第2節　聖職者V・L・ホワイトチャーチが書いた鉄道ミステリー

素人探偵ソープ・ヘイズルは大の鉄道ファン

シャーロック・ホームズのライヴァルの一人に、ソープ・ヘイズルThorpe Hazellという素人探偵がいる。V・L・ホワイトチャーチVictor Lorenzo Whitechurch（1868年—1933年）

が生み出した「ほっそりした繊細な外見、色白で端正な顔立ちに明るい赤毛、夢見るような青い目」（白須清美訳）という風貌の青年探偵である。彼は大の鉄道ファンであり、また書籍のコレクターだった。おまけに「働かなくても暮らしていけるだけの資産」（同）、があるという恵まれた環境にあった。徹底した菜食主義者で、奇妙な体操を欠かさないという奇癖の持ち主である。ロンドンから25マイル（約40㎞）離れたネザートンに住居があるが、普段はロンドンの高級住宅地ウエスト・エンドのフラットに住んでいる。

ヘイズルは、友人の間で「ブラッドショー」と呼ばれるほど鉄道に精通しており、時刻改正時には2つの鉄道会社が彼のアドバイスを受けるのを常としていたほどだった。「ブラッドショー」というのは正しくは『ブラッドショー鉄道時刻表』といい、その代名詞として通用していた。「ブラッドショー」とは、これを創始したジョージ・ブラッドショーの姓である。ちなみに、この時刻表は世界で初めて1839年に発行された時刻表で、その後『ブラッドショーの鉄道伴侶』と誌名が変わり、1842年にはさらに『ブラッドショーの月刊鉄道案内』になった。つまり、好評だったことから月刊化されたのである。ちなみに、これにヒントを得て日本で『汽車汽船　旅行案内』という月刊の時刻表が登場するのは1894（明治27）年10月のことである。

つい横道にそれてしまった。

さて、ヘイズルは、事件を追及するにあたって、決してお金では動かない。自分の好みに合った案件しか引き受けないのである。仮に引き受けても報酬を求めないことすらあった。生みの親のホワイトチャーチはイギリス聖公会に属する聖職者で、仕事の合間に宗教小説を書いたりしたが、遊び心で書いたのがヘイズルが活躍する鉄道ミステリーであり、またヘイズルが登場しない鉄道ミステリーであった。なかでも、よく知られているのが15編の短編からなる『**鉄道のスリリングな物語**（Thrilling Stories of the Railway）』（1912年。日本では『**ソープ・ヘイズルの事件簿**』と題されている）である。以下、そのいくつかを紹介しよう。

『**ピーター・クレーンの葉巻**（**Peter Crane's Cigars**）』（**1912年**）

ソープ・ヘイズルが登場する第1作。ネザートンで煙草屋を営むハリー・ブレットという青年がとある客からライヴァルのピーター・クレーンの店で輸入物の葉巻をたったの5ペンスで買ったことを告げられる。7ペンスでも利益は出ないのにこれはどうしたことだ。そのことが影響したのか、ハリーの店の売り上げは落ちていた。

ほどなくヘイズルが煙草を買いに現れた。そしてハリーの悩みを聞いて密輸の匂いを嗅ぎ取り、自ら探偵役を買って出る。その夜、ミッドサザン・アンド・イースタン鉄道のロンドンに向かう車中でたまたまピーター・クレーンと同室になる。そのピーターが途中の駅でヘントへの往復切符を買うのを目撃、自らも切符売り場に行ってその往復切符の有効期限がその日限りであることを確かめる。ヘイズルは、この密輸には鉄道が関係していることに思い至り、旧知のプラットフォーム監察官ジャーヴィスにピーターの行動を逐一報告させてついにそのからくりを見破る。

『ロンドン中北鉄道の惨劇（The Tragedy on the London & Mid-Northern）』（１９１２年）

ある寒い朝、ロンドンのフラットで新聞を読んでいたヘイズルの目に「客車内で乗客謎の死ショッキングな事故」という見出しが飛び込んできた。記事によると、ロンドン発の急行がマニングフォード駅に進入した際、乗客の一人が1等車の車室のドアを開けようと身を乗り出しているのを赤帽が注意したが、その乗客は血を流してすでに死んでいた。ロシア人と思われる50歳くらいの男だった。ブリッジワースとマニングフォード間にある4つの橋のどれかから身を乗り出していて側壁にぶつかって頭を強打した、不注意による事故というのが警察の見立てだった。

俄然興味を掻き立てられたヘイズルはもう少し詳しく調べようと思い立ち、すぐさまマニングフォードへと向かった。現場にはすでに若い新聞記者がいて見取り図を描いていたが、彼も盛んに首をひねっている。どうやら、事故ではなく事件らしい。記者と別れた後もヘイズルは精力的に調査を続ける。そして、最後はこのロシア人を殺した犯人を突き止めたが、その男は病んでおり、余命いくばくもないという状態だった。彼から殺人に至る経緯を聞き取ったヘイズルは、なぜか事件ではなく、やはり事故だったと鉄道会社の管理局長に報告したのだった。

『ギルバート・マレル卿の絵（Sir Gilbert Murell's Picture）』（1912年）

貨物列車の後ろから5両目の貨車が走行中に忽然と消えてなくなるという話である。この奇抜な着想にまず驚かされる。

問題のその貨車は絵画のコレクターとして知られるギルバート・マレル卿がウィンチェスターで開かれる美術展に出品するための絵画を輸送しているところだった。ところが、友人の案内でディドコット駅の駅長から事情を聞いている時、その貨車はチャーンという寂しい駅の側線に停まっており、中を改めたところ絵はすべて無事だということが判明した。では誰がどうやって切り離したか、またその目的はなんだったのか。ヘイズルは早速チャーンに赴いて、側線に置かれている貨車を仔細に観察した。しかし、彼にはさっぱり見当がつかなかった。

ヘイズルは警視庁とも連絡をとり、アレンという変名を持つ人物を割り出してもらったが、翌日の新聞を見て喜んだ。新聞にはマレル卿が3枚のうちの1枚、ヴェラスケスの「聖家族」が贋作とすり替えられていると主張したこと、また20年ほど前にやはり「聖家族」を所蔵するリングミア伯爵との間でどちらが本物かを巡る係争があったこと、そしてマレル卿の絵が本物だと決着したこと、負けたリングミア伯爵が偽物を二束三文で手放したことなどが書かれていた。

これを読んだヘイズルは早速アレンを訪ねて問いただす。そして、アレンの口から貨車を切り離す手口とその目的が自慢げに語られたのだった。

この作品は、江戸川乱歩が後出するオースティン・フリーマンの『オスカー・ブロズキー事件（The Case of Oscar Brodski）』、フリーマン・ウィルズ・クロフツの『**急行列車内の謎**（The Mystery of the Sleeping Car Express）』とともに、『世界短編傑作集2』で選んでいる。

『盗まれたネックレース（The Stolen Necklace）』（1912年）

最後に、小池滋氏が『世界鉄道推理傑作選1』で選んだ1編を紹介しよう。

ある朝、ヘイズルが朝食を終えた途端、セント・ジョン・マラビーという令嬢の訪問を受ける。彼女はパーティに出席するために、伯母の不在中に高価なネックレースを無断借用して列車に乗り込んだが、それを車内で紛失したというので悩んでいた。同じ車室には彼女のメイドのほか、ジョージ・ケストロンという貴族の子息が乗り合わせていたが、疑わしい節は全くない。ヘイズルは昨夜一緒に食事をした友人の弁護士フランク・マスターズがたまたまその列車に乗っていたことを思い出し、まず列車課長を訪ねた後その友人と会う。そして、車内の模様などをいろいろ聞き出してネックレースを盗んだ犯人に行き着く。

紙幅が尽きたので、これ以上V・L・ホワイトチャーチとソープ・ヘイズルに関わってはいられないが、『鉄道のスリリングな物語』にはほかに次の短編が収録されている。

『側廊列車の事件（The Affair of the Corridor Express）』

『いかにして銀行は救われたか（How the Bank Was Saved）』

『ドイツ公文書箱事件（The Affair of the German Dispatch-Box）』

『主教の約束（How The Bishop Kept his Appointment）』

『先行機関車の危機（The Adventure of the Pilot Engine）』

『臨港列車の謎（The Mystery of the Boat Express）』

『急行列車を救え（How the Express Was Saved）』

『鉄道員の恋人（A Case of Signalling）』

『時間との闘い（Winning the Race）』

『ストの顛末（The Strikers）』

『策略の成功（The Ruse that Succeeded）』

このうち、『臨港列車の謎』以下の作品にはソープ・ヘイズルは登場しない。

第3節　法医学者ソーンダイク博士と女探偵ドーラ・マール

科学知識を駆使して事件の真相を解明するソーンダイク博士

シャーロック・ホームズのライヴァルたちのなかで一番の好敵手を挙げるとしたら、あるいはこの人だろうか。

オースティン・フリーマンRichard Austin Freeman（1862年―1943年）が創始した、法医学者にして素人探偵のジョン・イヴリン・ソーンダイク博士Dr. John Evelyn Thorndykeである。ホームズが活躍する『ストランド・マガジン』で編集に関わっていたシリル・アーサー・ピアスンが始めた『ピアスンズ・マガジン』で登場した。

フリーマンはこの雑誌を足場に数々のソーンダイク譚を書いたが、その中の1編に、倒叙物の鉄道ミステリーがある。

『オスカー・ブロズキー事件（The Case of Oscar Brodski）』（1912年）

サイラス・ヒックラーは広く知られた宝石商人で、辺りになにもない寂しい一軒家に一人で住んでいる。彼はまもなく旅立とうとしていた。乗車駅のバドシャム駅までは近い。そこへたまたま宝石に通じた犯罪者のオスカー・ブロズキーが通りかかり、駅への道を尋ねる。ヒックラーは自分も旅に出る、列車にはまだ間があるから休んでいくようにと勧める。そこでブロズキーはこの男がヒックラーだということに気がついた。そして旅行鞄の中にはアムステルダムで取引するための高価な宝石が入っているに違いないと見当をつけた。

ブロズキーはこれを奪おうという誘惑に勝てずに、ついにヒックラーを格闘の末に殺してしまい、死骸を引きずって線路まで運び、轢死に見せかけるという細工を施して家の中に落ち度がないか入念に点検した後駅に向かった。駅では轢死体が発見されたことで大騒ぎになっていた。そして、列車を待っていた医者のクリストファー・ジャーヴィスが死体の傍に落ちていた傘がブロズキーのものであることに気がつき、同行する背の高い男に告げた。この男こそは法医学者のジョン・イヴリン・ソーンダイク博士だった。

ソーンダイク博士は早速捜査を開始、携帯用実験室と称する小箱から小型の顕微鏡だのカバーグラスだのといった器具を取り出して綿密に調査、犯人がブロズキーであることを突き止める。

倒叙物、つまり犯人が最初から読者の前に提示されていて、その完璧に近いアリバイを崩すというのがこの型の推理小説で、第1部でも述べたように、これはオースティン・フリーマンがその端緒を開いた。フリーマンの推理小説はほとんどが倒叙物である。

なお、この作品は江戸川乱歩の『世界短編傑作集2』(創元推理文庫)と小池滋氏の『世界鉄道推理傑作選1』に選ばれている。

作者のオースティン・フリーマンは生粋のロンドンっ子で、医科大学を卒業して医者になった。そして1887年に植民地付の医師補として西アフリカに赴任したが、1891年、2度目の赴任中に健康を損ねて帰国、医者を辞め、作家への道を歩み始めたという経歴を持つ。このフリーマンが、ソーンダイク博士を創造して最初に書き上げたのは長編の『赤い拇指紋(The Red Thumb Mark)』(1907年)である。事件を科学的に解明するスタイルは早くもこの時に確立されている。題名のとおり、親指の指紋が決定的な証拠になるという物語である。指紋が捜査の重要な手がかりになるなど、当時はあまり考えられていなかった。

イギリスの推理小説には珍しい女性の探偵ドーラ・マール

アイルランド出身の法律家で判事を務めたこともある**M・マクドネル・ボドキン**Matthias McDonnel Bodkin(1850年―1933年)が当時としては珍しかった女性の探偵を創造した。その探偵の名をドーラ・マールDora Myrlという。1900年に出した短編集『**女探偵ドーラ・マール**(Dora Myrl, The Lady Detective)』で初めて登場した。男が圧倒的に多い探偵のなかで女性探偵が活躍する探偵小説である。ドーラ・マールは活発な女性で、自転車に颯爽とまたがって東奔西走した。

この中に鉄道ミステリーが1編収録されている。

『ステッキのキズは？（How He Cut His Stick）』（1900年）

ガウアー&グラント銀行の行員、ジム・ポロックが5000ポンドという大金を200マイル（約320㎞）も離れた支店に運ぶ役目を負って汽車に乗った。ポロックは大柄の屈強な青年で、彼なら大丈夫だろうと病気になったベテラン行員の代役を任されたのである。席はコンパートメントで、彼は発車するとすぐドアに鍵をかけた。これで安全なはずだったが、列車がエディスクーム近郊の広大な平野を走っている時、急に何者かに襲われ、クロロホルムを嗅がされて気絶してしまった。当然、お金は消えてしまった。ポロックは嫌疑をかけられて逮捕された。

翌々日、頭取が女性探偵のドーラ・マール嬢を訪ねて事件の解決を依頼した。話を聞いたドーラはすぐさまポロックの無罪を確信、釈放されたポロックとともにエディスクームに向かい、1週間ほど借りた自転車であちこち走り回った末、ついに犯人逮捕にこぎつけた。彼女が真相解明の鍵にしたのは、柄の曲がったステッキだった……。

第4節　鉄道技師フリーマン・ウィルズ・クロフツが書いた本格鉄道ミステリー

土木技師の知識を活かして鉄道ミステリーを執筆したクロフツ

さて、満を持しての真打の登場である。

その人の名はフリーマン・ウィルズ・クロフツFreeman Wills Crofts（1879年―1957年）、そしてこの人が生み出した探偵がロンドン警視庁の警部ジョージフ・フレンチJoseph Frenchである。

フリーマン・ウィルズ・クロフツの肖像
©Hulton Archive／Getty Images

クロフツは、北アイルランドに生まれ、17歳でベルファストの鉄道会社の土木技師の見習いになった。その後、20歳で別の鉄道会社に転じ、1923年、43歳で主任技手に昇進した。

クロフツが40歳という年齢で『樽（The Cask）』（1920年）で遅いデビューを果たしたことは第1部で述べた。クロフツはこの時体を壊していたが、その回復期に筆を執ったのがこの作品である。この『樽』の成功で以後、仕事のかたわら1年に1作というペースで長編を発表し、5作目で初めてフレンチ警部を登場させた。その書名を**『フレンチ警部最大の事件**（Inspector French's Greatest Case）』（1925年）という。それまでの4作はそれぞれ探偵の名前は異なっていたが、この作品以降フレンチ警部が定着する。このフレンチ警部はシャーロック・ホームズやその他の天才型の探偵と違って地道にこつこつと足を使って犯罪につながる手がかりを集めて真相に迫るという、ある意味では凡庸な探偵である。これはそれまでにない探偵像で、そんなことからクロフツの作品は「現実的推理小説」と呼ばれることになった。

1年1作といっても、クロフツが生涯に執筆した作品は長編だけで34編にも及ぶ。ほかに短編集が3冊ある。そのほとんどに鉄道が登場するし、またその描写は精緻だが、すべてが鉄道ミステリーというわけではもちろんない。以下に、長編3作、短編3作を紹介する。

『マギル卿最後の旅（Sir John Magill's Last Journey）』（1930年）

『マギル卿最後の旅』は、北アイルランドのベルファストでリンネルの工場を経営していたマギル卿が経営を長男のマルカム・マギル少佐に譲って引退、ロンドンで自適の生活を送っていたが、ベルファストに赴く途中失踪、解明にフレンチ警部が乗り出すという話である。

フレンチが主席警部のミッチェルに呼ばれて部屋に行くと、そこにはアダム・マクラングというベルファスト駐在の部長刑事がいた。フレンチはミッチェルからこの部長刑事に協力して失踪事件の捜査にあたるよういいわたされる。

フレンチは、マギル卿の邸宅で執事や運転手などを聴取した後、マギル卿の足取りをたどるためにユーストン駅から午後7時40分発の寝台列車で北アイルランドを目指す。マギル卿が乗ったのと同じ列車である。翌日終点のストランラーからラーン港に渡り、列車に乗り換えてベルファストに着き、マクラングの出迎えを受けて早速捜査を開始する。ここまでの車窓の描写に臨場感があるのは、一つにはここに出てくる地名がすべて実在するからである。実在する地名にしたのは、物語に迫真性を持たせるためである。

ラーンやベルファストではマギル卿とおぼしき老人が目撃されており、ここまでは足取りがたどれたが、その行方は杳として知れない。長男のマギル少佐が資金繰りに窮していたことからまず彼が疑われたが、これもはっきりしない。はたしてマギル卿は生きているのか、それとも殺されたのか?

クロフツは読者の興味を引きつけながらフレンチ警部に地道な捜索を続けさせ、ようやく犯人逮捕にまで至るのだが、興味をそぐといけないのでこれ以上の記述は控えたい。

『死の鉄路（Death on the Way）』（1932年）

イギリスとフランスの間に横たわるイギリス海峡の近くを走るサザーン鉄道のレッドチャーチ駅から分岐する、海峡に沿う支線が舞台になっている。この支線は大部分が複線化されているが、残された3マイル半（約5㎞半）の単線が複線化されることになっており、そのために少し北に寄った地点で迂回線の工事が行われていた。当然、技術者や作業員が大勢駆り出されている。

作業小屋にいた見習い技師のクリフォード・バリーと設計主任のブラッグは事務所に戻るために、バラストを運搬する列車の機関室に乗り込んだが、しばらく走ったところで急停止した。人を轢いてしまったのだ。犠牲者はバリーの上司で、誰からも慕われているロナルド・アッカリーだった。一見事故と思われたが、なにやら不審な点が多い。

レッドチャーチ警察からの要請を受けてフレンチ警部が登場する。フレンチはレッドチャーチ署に着いて概要を聞き取ると早速工事現場に出向いて捜査を開始した。そしてそのさなかにまたしても事件が起こった。今度の犠牲者は下請け会社の現場主任マイクル・ケアリーだった。自殺ではないかと思われたが、どうもそうではないらしい。屈辱を味わったフレンチが捜査に全力を傾けた結果、この事件は見事解決を見るのだが、全編を通して鉄道工事現場の描写が精細を極めており、臨場感が豊かなことといったらない。それもそのはず、イングランドと北アイルランドの違いこそあれ、本職が鉄道の土木技師であるクロフツの職場そのものなのだから。この作品では、フレンチ警部の謎解きに挑む執念に寄り添ってほしいが、鉄道推理小説の醍醐味を凝縮したような、その迫真の描写もぜひ味わってほしい。

『列車の死（Death of a Train）』（1946年）

クロフツが『樽』でデビューしてから26年後、第二次世界大戦の終結直後に書かれたのが『列車の死』である。

時は第二次世界大戦のさなか、アメリカ、イギリスの連合軍とドイツが死闘を繰り広げていた頃の話である。イギリスの首相ヘッペンストールが閣議で「無線測位その他の目的に使用される放電管」の極秘輸送を指示した。軍用列車を臨時に仕立ててプリマスに布陣を敷く部隊に供給するためである。

こうして各地から集められた26両の貨車で編成された列車が運行を開始した。その前には臨時の旅客列車が仕立てられていた。しかし、その旅客列車は途中で轟音を上げて転覆してしまった。乗員乗客のほとんどが死亡した。

後続の放電管を積んだ列車は、後戻りをして別線に入って再び走行を開始した。1時間の遅れが見込まれた。運輸省の主任調査官のノエル・トレヴァー大佐が陣頭に立って原因の解明にあたることになったが、ここに政府の命を受けたロンドン警視庁から派遣されたフレンチ警部も加わった。どうやらこの事故には、大がかりなスパイ組織が絡んでいるらしい。

そんなある日、トレヴァーがなんの痕跡も残さないまま行方不明になってしまった。結局フレンチは、その捜索にもあたることになった。幸い、トレヴァーはほどなく見つかった。

フレンチの地道な捜査は続く。そして、苦心惨憺の末、ようやくこの事件にけりをつけたのだった……。どうも歯切れが悪くなってしかたがないが、ここから先はご勘弁願いたい。

クロフツの鉄道知識が全編に如何なく反映された重厚な作品である。

『寝台急行列車の謎（The Mystery of The Sleeping Car Express）』（1921年）

クロフツは長編の作家だが、短編も少なからずある。これらはすべて**『殺人者はへまをする（Murderers Make Mistakes）』『クロフツ短編集1（Many a Slip）』『クロフツ短篇集2（The Mystery of the Sleeping Car Express）』**に収められている。

『樽』でデビューした翌年に書かれた『寝台急行列車の謎』はいわゆる密室物である。ロンドンからエディンバラ、グラスゴー方面に向かう14両編成の寝台列車の、グラスゴー行きの1等車の前から2番目の個室で若い男と女が死んでいた。殺されたことは明らかだった。この1等車の前には寝台車、後ろには3等車が連結されていた。客車はすべて側廊式、つまり片側に廊下がついており、だから乗客や車掌は自由に車両間を行き来できた。車内が騒然となるなか、途中カーライルに到着したところでこの1等車は切り離された。警察が到着して捜査が始まった。しかし、手がかりがなに一つ残されていなくて、捜査は行き詰まる。

ここまでが前半で、後半は「一介の開業医」にすぎない「私」が、交通事故で瀕死の青年に求められてその告白を聞かされる。そして、その青年の口から「私がその犯人なのです」という驚くべき言葉が漏れ、その犯行の手口が明かされてゆく。

クロフツ作品に多い倒叙物の作品である。この作品におなじみのフレンチ警部は登場しない。というのは、まだフレンチが創造されていない時代に書かれた作品だからである。

『床板上の殺人(Crime on the Footplate)』(1950年)

この短編は、第二次世界大戦が終結した後に書かれた。これも倒叙物である。機関助手のグローヴァーが機関士のウィリアム・ディーンを走行中に殺害、ディーンに変装して生きているように見せかけながら偽のアリバイを作り上げる。殺人の動機は、ディーンの家を訪ねてその妻のロージーに一目惚れ、ロージーをものにするために夫のディーンを葬ろうと計画したことだった。ここでは、警視に昇格していたフレンチが脇役で登場する。かつての部下だった、この事件の担当者ケアンズ警部に助言を与えて事件を解決に導かせる。

なお、この作品は小池滋編『世界鉄道推理傑作選2』に『機関士室の犯罪』という題名で収載されている。題名としてはこちらがいいようだ。

『ウォータールー、八時十二分発（The 8. 12 from Waterloo）』（１９５０年）

女関係でまずいことをしでかしたことを知られ、そのために恐喝の常習者ヒュー・ピルキントンに脅迫されているジェラルド・グライムズが、ピルキントンを殺そうと計画、かつて新聞記事を読んで知った『床板上の殺人』にヒントを得て、機関室を1等車の個室に置き替えてウォータールー発午後8時12分の列車の個室で偶然乗り合わせたように装い、実行するという話。犯行を終えた後、グライムズは何気ない顔でロンドンに戻るが、たまたま捜査現場になったギルフォードを訪ねたフレンチがウィルトン部長、クレートン警視に協力、そのお蔭であわや迷宮入りになりかけた事件は無事解決する。

第5節　上流階級の華麗な殺人ゲームを創出したアガサ・クリスティ

クリスティが創造した名探偵エルキュール・ポアロと安楽椅子探偵ミス・マープル

本章の最後に、もう一人の真打に高座に上がってもらおう。

ご存じ、「ミステリーの女王」と呼ばれたアガサ・クリスティ Agatha Mary Clarissa Christie（1890年―1976年）である。この名を聞いてあなたはどんな鉄道ミステリーを思い浮かべることだろうか。

クリスティは生涯に長編66冊、150を超える短編を残したが、この中で鉄道ミステリーと呼べる作品はほんの数編しかない。しかし、そのどれもが推理小説史を華麗に彩る名作である。

アガサ・クリスティの肖像 ©Popperfoto／Getty Images

クリスティは本名をアガサ・メアリ・クラリッサ・クリスティという。旧姓はミラー Millerでこれは父の姓だった。父はアメリカ人だった。クリスティというのは1914年にアーチボルト・クリスティ大尉と結婚したからで、その後離婚、考古学者のマックス・マローワンと再婚したがこの姓を使い続けていた。

ところで、クリスティには毒薬をトリックに用いた作品が多いが、これは第一次世界大戦中に薬剤師の助手を務め、この間に薬に対する知識を蓄えたからである。

さて、これも広く知られていることだが、クリスティが創造した探偵にエルキュール・ポアロHercule Poirotとミス・ジェーン・マープルMiss Jane Marpleがいる。ほかにパーカー・パインChristopher Parker Pyne、ハーリ・クインHarley Quin、バトル警視Superintendent Battle、おしどり夫婦のトミーとタペンスTommy and Tuppenceがいるが、ポアロとマープルの知名度が圧倒的に高い。

エルキュール・ポアロはその前歴はベルギーの腕利きの警察官で、戦火を逃れて難民としてイギリスに渡ってきたという過去を持つ。一方、ミス・マープルはセント・メアリ・ミードという静かで小さな村に居を構える老婦人である。クリスティの作中では主にこの二人が活躍することが多いが、この中から鉄道ミステリーを拾ってみよう。

『青列車の秘密（The Mystery of the Blue Train）』（1928年）

「青列車」というのは、フランスのパリと北フランスの港町カレー、または南フランスのリヴィエラ地方を結ぶ豪華寝台列車で車体が青いことからこう呼ばれた。

大金持ちの令嬢ルス・ケッタリングがロンドンからリヴィエラに赴く途中、パリ・リヨン駅で青列車に乗り換え、その2部屋あるデラックスな個室で走行中に何者かに惨殺され、身に着けていた高価なルビーが紛失した。たまたま別の部屋に乗り合わせていたエルキュール・ポアロが警察から助力を乞われ、「灰色の脳細胞」(ポアロの口癖)を駆使して犯人捜しに挑む。容疑者はルスの夫デリク、ルスの恋人アルマン・ド・ラ・ローシュ伯爵、ルスの父ルーファス・ヴァン・アルディンの秘書リチャード・ナイトン少佐、ルスに付き添って別室に控える小間使いアダ・メイソン、遺産相続人のキャサリン・グレイなど多彩、ポアロは犯人の痕跡を追って東奔西走、ついに真犯人を突き止める。言葉は悪いが、上流階級の人々が事件に華麗な彩りを添える殺人劇――クリスティの作品によく見られる推理小説である。少々自信過剰で気障とも思われるポアロの言動がなんとも微笑ましい。

ハイソサエティを乗せて、北部フランスと南仏を結んだ青列車は、残念ながら2007年12月に廃止されてしまった。しかも、晩年はごく普通の寝台列車に落ちぶれていた。今、往時のたたずまいを偲ぶとしたら、生々しい話だが、この作品を読むのが一番いい。

『オリエント急行の殺人(Murder on the Orient Express)』(1934年)

この作品は、クリスティの代表作の一つに数えられる名作で、トルコのイスタンブールからフランスのカレーに向かう「オリエント急行」の車内を舞台にした殺人事件が主題になっている。この列車にはポアロが始発駅のイスタンブールから乗車しており、この殺人事件に遭遇する。なぜかポアロは事件現場に偶然居合わせることが多いが、そこはご愛嬌。

オリエント急行は青列車同様フランス北部のカレーが発着駅だったが、こちらは国際列車だった。なぜカレーだったかといえば、ここがイギリス海峡で隔てられたイギリスと汽船で結ばれていたからである。つまり、オリエント急行は東洋（オリエント）に憧れるイギリス人を主な対象とした豪華寝台列車であった。1883年に誕生、青列車同様、だんだん衰弱してごく普通の国際列車になり果て、1977年5月についに廃止されてしまった。現在運行されているオリエント急行は往年の華麗な豪華列車を観光用に復元したものである。

3日間の行程で定刻にイスタンブールを発ったオリエント急行が2日目の深夜、ヴィンコヴチとブロッドの間で大雪に行く手を阻まれて立ち往生してしまった。その朝、食堂車を出たところでポアロはこの列車を運行させている会社の重役をしているブークから乗客の一人、アメリカ人のラチェットが車室で殺されていることを知らされる。体には12カ所もの刺し傷があった。ポアロは前日、このラチェットから身辺を見守ってくれるよう依頼されたが、ラチェットの顔が気に食わないといって断っていた。

1等寝台車は満員だった。やむなくポアロは最初2等車に乗り、その後1等車に移ったのだが、ポアロの車室はラチェットの隣にあった。否応なく事件に巻き込まれたポアロは早速密室状態になった列車の中で捜査を開始、乗っていたイギリス人家庭教師メアリ・デブナム、イギリス人のアーバスノット大佐、ラチェットの秘書ヘクター・マックイーン、召使のエドワード・マスターマン、ドラゴミロフ公爵夫人、スウェーデン人のグレタ・オールソンらを次々に尋問する。そして、調べを進めるうちに驚くべき真相に直面する。ポアロは、二つの解答を提示して関係者にどちらを選択するか任せることにする。ポアロはあえてその選択を避けたのである。

これ以上梗概《こうがい》を書くのは控えるが、この物語は大西洋を無着陸で横断して一躍ヒーローになったアメリカの飛行家チャールズ・リンドバーグの長男ジュニアが誘拐されて殺された事件に着想を得て書かれたといわれている。ここではリンドバーグはアームストロングという名で描かれているが、クリスティにはよほど衝撃的な誘拐・殺人事件だったのだろう。

『パディントン発4時50分（4.50 From Paddington）』（１９５７年）

こちらは穏やかな老婦人のミス・マープルが推理を働かせる物語である。

ミス・マープルの友人のエルスペス・マクギリカディ夫人がマープルを訪ねようと、ロンドンのパディントン駅から午後4時50分発のチャドマウス行き各駅停車列車に乗る。小一時間走ったところで、少し離れた線路に別の列車が接近してきた。そこで彼女はその列車の1等車で男が女を絞殺するところを目撃した。検札にきた車掌に彼女はそのことを話すが、信じてもらえない。

セント・メアリ・ミード村でマープルに会ったマクギリカディ夫人が、なにはさておきこのことをマープルに話すと、マープルはその様子を詳しく聞き取り、興味を示す。しかし、翌日の朝刊にはなにも掲載されていなかった。殺されたはずの女の死体がなかったからである。不審に思ったマープルは自ら確かめるべくマクギリカディとともにロンドンに行き、パディントン発4時50分発の列車に乗ったが、車掌が検札に来た直後にふと考えが閃いた。

ここから彼女はセント・メアリ・ミード村からほとんど出ることなく、家政婦のルーシー・アイレスバロウに指示を出しながら捜査を進め、事件の謎を解き、真犯人を見つけ出す。

ところで、実際にはパディントンを出て並行する路線は存在しない。あくまで駅も含めて架空の設定である。クリスティの遊び心が横溢した1編である。

『プリマス急行（The Plymouth Express）』（1923年）

クリスティは長編だけでなく、短編や戯曲もたくさん残したが、短編の初期の作品群の中に『プリマス急行』という作品がある。

じつはこの短編、舞台は『青列車の秘密』がフランス、『プリマス急行』がイギリスと舞台が異なるものの、物語の筋は酷似している。それも道理で、『プリマス急行』は『青列車の秘密』の先駆けとなった作品なのである。ただ、そこが長編と短編の特色の違いなのだろうが、作品の雰囲気はよほど異なっている。一言でいうと、『青列車の秘密』が重々しいのに対して、『プリマス急行』にはどこか軽みがある。もちろん、『青列車の秘密』のほうが何倍も複雑である。

クリスティにもともと『青列車の秘密』の構想があって、先に『プリマス急行』を書いたのか、それとも『プリマス急行』を書き上げて『青列車の秘密』にたどりついたのか、そのあたりのことはよくわからないが、肌合いがよほど異なっていることだけは確かである。そこで、どちらを先に読むかということになるが、この判断はむずかしいことながら、私個人としては『青列車の秘密』を先行させたほうがよいだろうと考えている。

前置きはこれくらいにして、ストーリーを追ってみよう。

海軍士官のアレック・シンプスンがニュートン・アボットからプリマス行き急行の1等車に乗り込んだ。だが、彼はすぐに顔をしかめた。室内にクロロホルムの匂いが充満していたからである。その匂いの発生源を求めて室内を探したところ、座席の下で心臓を一突きにされた女性が見つかった！

その女性はルパート・キャリントン夫人だった。彼女はアメリカの鋼鉄王イビニーザ・ハリディの娘だった。彼女は10万ドル近い宝石を持ち歩いており、それを隣の3等車に控える小間使いのジェーン・メースンに預けていた。

ハリディの依頼を受けてエルキュール・ポアロが捜査に乗り出す。その線上にド・ラ・フォールという悪党の伯爵が浮上する。また、ルパートの夫のキャリントン卿もまた金目当てで結婚したということで評判の悪い男だった。

ハリディはポアロに、娘はプリマスではなく、エヴォンミート・コートで開かれるパーティに出席する途中だったという。娘の乗ったパディトン発12時14分発の急行はエヴォンミート・コートには向かわず、ブリストルで乗り換えなくてはならないが、娘は小間使いにここで下車せず、もっと先へ行くと告げて消息を絶ってしまう。小間使いは、ルパートの個室に見知らぬ男が窓を向いて立っていたと証言する。どうやらその男が犯人らしいが、ジェーンは後ろ姿しか見ていないので、それが誰だかわからないという。

さて、ルパートを殺したのは夫のキャリントンか、ロシュフォール伯爵か、それともほかの誰かか……？　例によってポアロが論理的心理的に推理の糸をたどって真犯人にたどりつく。

『車中の娘（The Girl in the Train）』（１９３４年）

最後に洒落っ気とロマンがたっぷりの好短編を紹介しよう。大金持ちのウィリアム・ローランドの財産の相続人ジョージ・ローランドが、この伯父とひと悶着起こしてＡＢＣ鉄道旅行案内書からローランズ・キャッスルという地名を見いだし、ここに旅行しようと思い立ってウォータールー駅から列車に乗った。１等車に乗り込んだばかりのところへ若くてびっくりするような美人が飛び込んできて、ジョージは咄嗟の判断でその娘を座席の下にかくまう。そこへ、その娘の伯父を名乗る男が血相を変えて現れるが、ジョージは車掌に命じてこの外国人臭い男を遠ざけてしまう。娘は礼を述べて自らをエリザベスと名乗る。

エリザベスがジョージに助けてくれるよう頼むと、一目で娘の虜になったジョージは夢見心地でそれを引き受ける。彼女は途中の駅で乗り込もうとしていた黒い顎鬚の男を尾行するようにい、自らはそのまま列車に乗っていってしまう。ジョージの手にはエリザベスが渡した小さな包みが握りしめられていた。

こうしてジョージは否応なく事件に巻き込まれた。いろいろ悶着があった後、翌朝ロンドンに戻る汽車に乗る。そして、車中で新聞を広げて、カトニア国のアナスタシア・ソフィア・アレクサンドラ・マリー・ヘレナ・オルガ・エリザベス皇女がローランド・ゲイ卿と極秘裏に結婚式を挙げたことを知る。そこへエリザベスが現れて正体を明かし、二人は……。事件の経過とここから先の梗概はいわぬが花というものだろう。

ユーモアとウイットに富んだ鉄道ミステリーである。

第3章　江戸川乱歩と同時代の作家たち

第1節　江戸川乱歩の多様な鉄道ミステリー

探偵小説中興の祖江戸川乱歩

江戸川乱歩（明治27年―昭和40年）は、日本における推理小説家、いやこの時代は探偵小説家というべきか、まあそれはともかく、その元祖というわけではない。イギリスのコナン・ドイルと同じく中興の祖とでもいうべき存在といってよいだろう。いや、乱歩の足跡はそれだけに留まらない。昭和40（1965）年7月28日、70歳で生を閉じるまで、新人の発掘、評論などを通して推理小説界の発展に尽力したその功績の大きさにも計り知れないものがある。まさに大きな大きな光芒を放ち続けた巨星であった。

推理小説の発展に尽力した江戸川乱歩
（写真：Kodansha／アフロ）

乱歩の本名は平井太郎。三重県の名張町（現在の名張市）に生まれ、2歳で父の転勤に伴って同県亀山町（現在の亀山市）に移住、さらに名古屋市に移住した。その後早稲田大学に進学、卒業後は貿易会社の社員、古本屋、しな蕎麦屋と職を転々と変える。大阪から家族とともに東京の牛込区（現在の新宿区）に転居したのが、処女作『二銭銅貨』（大正12［1923］年）と『一枚の切符』（大正12年）が『新青年』に掲載された3年後の大正15（1926）年のことだった。ただ、乱歩は生来の引っ越し好きでその後も何回も転居を重ね、ようやく東京・池袋に定住したのは昭和9（1934）年7月のことである。

しかし、この頃は日本は満州事変のさなかにあり、さらに昭和12（1937）年7月に日中戦争が勃発、次第に拡大するようになるとその影響が国民にも及ぶことになった。そして昭和13年に国家総動員法が公布されるや国民生活のあらゆる分野に統制が及んで、文筆家にも軍部の目が光るようになり、執筆活動にも支障をきたすようになる。江戸川乱歩ももうこの頃にはほとんど筆を執らなくなっており、昭和16年末に日中戦争が拡大して米英を相手にする太平洋戦争が始まると、銃後にあって隣組活動などを通じて、むしろ積極的に国に協力することになる。乱歩としてはそのことで日本の勝利に貢献したいという思いが強かったのである。

戦後はようやく昭和25（1950）年あたりから執筆活動を再開したが、対象とした読者は大人ではなく少年であった。この頃、乱歩の関心はむしろ推理小説をいかに発展させるかという、もう一段視野を広げた方向に向かっており、推理小説誌『宝石』の創刊にかかわったり（昭和21年）、探偵作家クラブ（現在の日本推理作家協会）を結成（昭和22年）したり、新人発掘を目的とした江戸川乱歩賞を創設（昭和29年）するなどしてその裾野を広げることに尽力した。そうした功績が認められて、没後正五位勲三等瑞宝章が追贈された。

それぞれに作風の異なる4編の鉄道ミステリー

江戸川乱歩には長・短編合わせて夥しい数の作品があるが、鉄道ミステリーとなると数えるほどしかない。私が知る限り、4編、それも短編が4編である。以下、発表された順に閲覧していこう。

『一枚の切符』（大正12年）

江戸川乱歩が処女作『二銭銅貨』とともに世に出る契機をなした記念すべき短編である。『新青年』の大正12（1923）年7月号に載った。

晩秋の明け方、とある町外れで驀進《ばくしん》してきた列車に轢かれて婦人が死んだ。線路際に住む富田博士の夫人だった。けたたましい警笛を聞いて野次馬が駆けつけ、博士や召使いも飛び出してきた。夫人の懐中から出てきた書き置きに長年肺病に苦しみ、もう耐えられなくなったから自殺するということが書かれていたことから自殺だろうと鑑定された。

ところがこれに黒田清太郎という刑事が不審を抱いた。そして、事故現場や富田邸を丹念に調べてまわり、夫の富田博士が怪しいと見当をつける。

ところが、左右田《そうだ》五郎という探偵が黒田説に不信感を募らせ、××市で最も発行部数の多い××新聞に「富田博士の無罪を証明す」という長文の寄書を載せた。左右田は、無罪の根拠として事故現場の石ころの下に落ちていた切符の日付に着目したことを明かす。その切符というのは客車の3等車に備えつけてある貸し枕の領収書であった。その石ころは博士邸の裏の溝の脇にたくさん転がっている石ころの一つだったのだが、左右田はなぜそれが線路脇にあるのか疑問を抱き、そこから推理を進めてついに真相を探り当てたのだった。

『指輪』（大正14年）

『新青年』の大正14（1925）年7月号に掲載された小品。ほとんどショートショートといってもいい。

登場人物はただ二人、AとBである。この二人が列車の中で貴婦人から盗んだ指輪のことを会話を交わしながら探り合う。二人は一度会ったきりの仲で、最初はお互い「です」調で話すが、途中からがらりと口調が変わって「べらんめえ調」になる。そしてそのなかからBが盗んだその指輪をどこに隠したかをAが知りたがっていることが浮き彫りになる。もちろんBもたやすくは明かさない。そして、最後にBが勝ち誇ったように高笑いしてその手口を明らかにするという話。

すべて会話で話が進行するが、それがなんとも軽妙でユーモラス、おどろおどろしい作品の多い乱歩が書いたものとはとても思えない。

『押絵と旅する男』（昭和4年）

一転してこちらはおどろおどろしい、それでいてそこはかとないペーソスとロマンに満ちた物語である。先にも述べたように、これは見知らぬ男同士が出会い、一方が世にも不思議な話をするという物語で、鉄道とはなんの関係もない。果たしてこれを鉄道ミステリーに入れていいものかどうか、ためらいがないわけではない。しかし、この話が描かれている列車の車内と車窓があまりにも見事に本筋に融合しているので、ここに載せることにした。ちなみに、鮎川哲也もこの作品を『鉄道ミステリー傑作選　下り〝はつかり〟』になんの躊躇もなく選んでいる。

北陸の魚津に蜃気楼を見物にいった「私」が、夕方6時頃、魚津駅から上野駅行きの夜行列車に乗る。乗ったのは1等車ではなく、また3等車でもなく2等車だったが、乗客はほかに隅の方に坐っている男が一人いるだけだった。

老人とおぼしきその男は2尺に3尺ほどの額を窓に立てかけていた。なんとも不気味な光景だった。不審に思った「私」は怖いもの見たさで老人の所へゆき、その額を見せてもらったところ、毒々しい芝居小屋のようなものが描かれた絵で、その真ん中に美しい若い女と白髪の老人が押絵で嵌め込まれていた。押絵というのは、高級な羽子板を連想してもらえばわかると思うが、その部分だけ立体的に浮き出させた絵のことである。それを見た「私」がその奇妙な取り合わせに驚くと、待ってましたとばかり乗客の老人がそのわけを話してくれた。その話はいかにも奇怪でとてもこの世の出来事とは思えないものだった。

老人の話では、絵の中の老人は自分の兄で、この兄がある日を境に食事も喉を通らないほど衰弱してゆき、それでも毎日出かけるので父母の命でその後をつけたところ、兄は浅草の十二階（凌雲閣）の一番上階から遠めがねで眼下の芝居小屋などをしきりに覗いていた。弟が尋ねたところ、一度見かけた若い女が忘れられず、その女にもう一度会いたくてこうしているのだという。そして、ほどなく兄はその女を見つけ出した。なんと、その女というのは……！

いや、ここから先は原作を読んでいただくのが一番と思うので、これ以上書くのは控えよう。乱歩の怪奇趣味がいかんなく発揮された1編である。

『鬼』（昭和6年）

舞台は長野県のS村という寒村。ここに帰省していた探偵小説家の殿村昌一が、秋の気配を感じてそろそろ東京に戻ろうと考えていた矢先、事件が起きた。

この村には単線の鉄道が通じていたのだが、幼なじみで村長の息子の大宅幸吉と殿村が線路付近を歩いていたところ、山犬が数匹うろついており、そのなかの1匹が血まみれになった人間の腕を咥えているのを見て仰天、付近を探したら、派手な銘仙の着物を身に着けた女が死んでいた。だが、顔はめちゃくちゃに壊されており、それが誰かはわからない。近くのトンネルの番小屋に住む仁兵衛爺さんの娘お花がそれを見て、その着物は豪農の娘山北鶴子のものだと証言した。鶴子は幸吉の許嫁《いいなずけ》だったが、幸吉は鶴子を嫌いぬいており、隣のN市に間借りしている絹川雪子のもとへ時折通っていた。当然、嫌疑は幸吉にかかった。しかも、彼には犯行時刻と思われる時間に確としたアリバイがないのである。だが、殿村は心根の優しい幸吉にこんな残虐な犯行ができるわけがないと固く信じていた。幸吉は当日は雪子を訪ねていたと主張する。しかし、雪子を調べた警察は、雪子から幸吉は訪ねてこなかったという証言を引き出していた。

事件は殿村の友人の国枝検事が担当することになった。殿村は幸吉の潔白を主張するが、国枝は探偵小説家のいうことなど現実的ではないといってとり合わない。しかし、殿村は一人で捜査を開始、N市に雪子を訪ねる。雪子の部屋は2階の一間で、窓の下はN駅の構内だった。雪子はどこか擦れた感じで、殿村はどうして幸吉がこんな女を好きになったのだろうと訝《いぶか》るのだが、すぐ続いて警官が訪ねるともうその時には雪子はいなくなっていた。

ここから殿村のあくなき捜索が始まる。そして、この犯罪には鉄道が関係していると判断、入念に探索を続けた結果、ついに犯罪のトリックを暴きだし、国枝に頭を下げさせる。

この作品こそは、まさしく鉄道が犯罪やアリバイ作りに深くかかわった鉄道ミステリーである。

第2節　彗星のように現れて彗星のように消えた本田緒生

家業の都合で若くして筆を折った作家

欧米の探偵作家の邦訳に接して探偵小説の作家になろうと志した人はなにも江戸川乱歩に限らない。乱歩の先輩格にあたり、乱歩が敬愛してやまなかった小酒井不木に始まり、甲賀三郎、大下宇陀児、横溝正史、水谷準、**橘外男**《たちばなそとお》、山本禾太郎、**夢野久作**《ゆめのきゅうさく》、海野十三、浜尾四郎、**渡辺啓助**《わたなべけいすけ》、**小栗虫太郎**《おぐりむしたろう》、木々高太郎、**大阪圭吉**《おおさかけいきち》、**蒼井雄**《あおいゆう》、蘭郁二郎、**本田緒生**《ほんだおせい》と、名を成した作家だけに限っても十指にあまるほどである。

これらの作家が書いた鉄道ミステリーを発表年が古い順に取り上げてみよう。

まずは本田緒生（明治33年—昭和58年）から。

本田緒生は本名を松原鉄次郎という。松原というのは養子先の姓で、生家の姓は北尾である。最初、これをもじってペンネームを木多緒生（北尾姓のこと）としたが、これが「本多」と誤植されてしまい、以後「多」を「田」にして本田緒生とした。ただ、本田緒生の作家活動は短かった。というのは養子に行った先の家業に専念しなくてはならなくなって、心ならずも筆を折ったからである。

『蒔かれし種』（大正14年）

素人探偵を自認する秋月が親友の草川をその下宿に訪ねて雑談を交わしていた時、草川が窓の外の電柱を指差して電柱に書いてある広告に目を向けさせる。それはクローバー石鹸の広告で、四ツ葉のクローバーの真ん中に矢を突き刺した絵が描かれていた。なぜ幸福の象徴である四ツ葉に死を意味する矢が……？　秋月は広告取扱所に行き、小使からすでに二人の男女が同じような疑問を抱えて訪ねてきたことを知る。一人は40そこそこの美人、もう一人は労働者風の男だった。翌日、所長にも尋ねたが、広告主はよくわからないとの答え。その後、所長からその女がまた訪ねてきたこと、給仕に後をつけさせたら彼女はU町の山田という金持ちの家に入ったという。

数日後、婚約者の百合子との結婚式などで話があるから帰ってこいという電報を受け取った秋月は、列車で故郷に向かう。ところが事もあろうに夜中にその寝台車で殺人事件が起こった。殺されたのは、なんと山田夫人だった！　乗り合わせていたのは秋月を入れて6人。すぐにこの車両はO駅で切り離され、尋問が始まる。乗客の一人は青木伯爵でその顔は憂いに沈んでいた。山口警察署長は伯爵が怪しいと睨んでいろいろ尋問したが、さっぱり要領を得ない。

山口署長の許可を得て秋月は○―市に留まることになった。秋月はここで寝台車から男が一人飛び降りて姿を消したという、足立という線路工夫に話を聞くことにした。この後、なぜか親友の草川もここに現れて不可解な行動を取るようになったため、秋月は親友がまさかと思いながらも疑いを持つようになったが、その直後に足立が何者かに刺殺されてしまった。

秋月は、調べを進めるにつれて、山田夫人と足立を殺したのは青木伯爵か草川のどちらかだと見当をつけたが、決め手になるような手がかりをつかめない。こうして深い謎を秘めて話は進み、進むにつれて驚くべき事実が判明、犯人は検挙された。さて、その犯人とは……？

本田緒生が渾身の力を込めて書いた中編小説である。

『街角の文字《もんじ》』（大正15年）

『蒔かれし種』の重苦しい味わいとは一転してユーモア溢れる短編の鉄道ミステリーである。

ある日、「山本君」が家への道すがら、四つ角で「おやっ！」と首をかしげる。立派な身なりの紳士がポケットからチョークを出して大きく壁に数字を書きつけたからである。「山本君」がこの光景を目撃するのはこれで3度目である。彼はその紳士の跡をつける。紳士は六六、続いて四六と書いた。「山本君」はノートにその数字をすべて記入する。

「山本君」はこれはなにかの暗号だろうと見当をつけて早速解読にかかる。なんのことやらさっぱりわからない。けれど、その数字をすべて半分にしてみたら、「今夜……S—駅……宝石……女」と読めた。彼は別に「五十六」という数字も読み取り、これを列車番号と解釈、帰宅するや時刻表で五十六号列車があることを確認、夕食もそこそこにS駅に向かった。

乗る列車を間違えて1時間早くS駅に着いた彼は辛抱強く張り込みを続ける。と、件の紳士が現れ、M—駅までの1等車の切符を買って列車に乗り込んだ。そこにはとてつもなく美しくて若い女性が夢中で婦人雑誌を読み耽っていた。暗号と見事に符合する。次は宝石の番である。「山本君」もその列車に乗り込み、観察を続ける。ほどなく、紳士がその女性のオペラバッグの口を開けた。そして「山本君」は見た。紳士の指先にはバッグから取り出した真珠、ルビー、サファイア、エメラルド、オパールなどの宝石が輝いていた。「山本君」は我を忘れて紳士に接近、紳士に詰め寄る。

ここから意外な結末に至る数十行は、ここに書くわけにはいかない。

第3節　東大出の俊秀甲賀三郎と戦後忽然と消えた葛山二郎

東海道急行の車内で繰り広げられる虚々実々の探り合い

甲賀三郎（明治26年―昭和20年）の本名は春田能為。春田は叔母の嫁ぎ先の姓で、後にここの養子になった。東京帝国大学（現在の東京大学）工科大学化学科で応用化学を学び、大正9（1920）年に農商務省の臨時窒素研究所の技手になった。れっきとした化学者だった。

その甲賀が探偵小説にのめり込んだのは、大正12（1923）年、雑誌『新趣味』の懸賞小説に応募した『真珠塔の秘密』が1等に入選してからである。昭和3（1928）年1月に臨時窒素研究所を辞職して作家に専念、以後探偵小説界の重鎮になった。探偵小説のあり方を巡って木々高太郎と論戦を繰り広げたことは前述した。

『急行十三時間』（大正15年）

1万円という大金を懐にして「私」は東京駅発午後8時の東海道線の急行に乗った。「私」には木村清という探偵がつけてくれた私立探偵が寄り添っている。このお金は高利貸しのAから、その一人息子と友人の「私」が共謀してせしめたもので、「私」はこれを大阪駅で待つAに届けるのである。車内には頬骨が突き出て眼がぎょろりとした男と白髪の老人がすでに窓際に坐っており、なにやら論争していた。脅迫についての話である。二人は間断なく話を続ける。

真夜中の12時、静岡駅に到着。次いで、浜松駅。探偵が、続いて老人が席を外し、なかなか戻ってこない。頬骨の男は寝入っていたが発車の振動で目を覚ますと「私」に付き添っている男は変装しているなどという。そして、お金の入った新聞包みがすり替えられているともいった。「私」が不安になって調べてみると、中身は一番上と一番下が本物の百円札で、それ以外は反古《ほご》紙だった！「私」の暗澹とした思いを乗せて列車は午前8時半、大阪駅に到着した。Aが待ち受けていた。

さて真相は……？ 探偵の正体は？ 頬骨の突き出た男は何者？ 白髪の老人は誰なのか？ そのすべてがここ大阪駅で氷解するという物語である。

マラソン大会の最中に発生した殺人事件と列車の中で語られた不可解な事件

次は、**葛山《くずやま》二郎《じろう》**（明治35年―平成6年）の作品から2編。

葛山二郎は、大正12（1923）年に『**噂と真相**』が雑誌『新趣味』の懸賞小説に応募して1等入選、さらに昭和2（1927）年、『新青年』に『**股から覗く**』が入選して脚光を浴びた。その後昭和10（1935）年頃まで執筆を続け、戦後も3編の短編をものにしたが、以後ぷっつりと筆を折り、推理小説界から姿を消した。生涯に残した作品が中短編合わせてわずか21編という寡作の作家である。

『股から覗く』（昭和2年）

葛山二郎の代表作とも目される1編である。

『股から覗く』は題名も風変わりだが、内容もまた変わっている。20歳なのに17、8歳にしか見えない、団栗眼《どんぐりまなこ》の加宮真棹《かみやまさお》という奇癖の持ち主が主人公で、その奇癖というのが両足を広げて、体を折り曲げて自分の股から逆さまに情景を眺めるというものだった。「自然の一部分にある区画を設けて覗きますと……」真実が見えると彼はいう。

慶事で国中が沸き返るなか、ある町でマラソン大会が行われた。これに病院の研究所から藤直先生と助手の浦地君、守屋君が参加することになった。大会では9番のゼッケンをつけた浦地君が一番で飛び込んできたのだが、後続がさっぱり現れない。しばらくして二人の選手が歩きながら現れ、大会の最中に踏切で事故が発生したことを告げる。ゼッケン番号32番の守屋君が踏切で貨物列車に轢かれて死んだのだ。殺人臭い。浦地君が疑われて刑事が尋問にあたる。浦地君は否定するが、頭に赤黒い血が滲んでいた。ちなみに、藤直先生のゼッケン番号は6である。

ここで加宮君が登場する。彼はマラソン大会を応援しようとコースになっている踏切に行き、貨物列車が通過するのを股から覗いていて、32番の守屋君が走ってくるのを見た。ところが走者の足は2本でなく4本だったという。つまり、守屋君は誰かと並走していたのだ。そして、汽車が通り過ぎたら守屋君が轢かれていた……。付近の人や選手が集まり、そこへ藤直先生も現れた。

ここから加宮君の推理が始まる。この踏切の向こうはコースになっている衣笠通りと、もう1本、踏切から斜めに延びる三門筋が走っており、その先で日吉町と交差するのだが、この通りは下水道の工事中である。日吉町と衣笠通り、三門筋で二等辺三角形を構成しており、三門筋が工事中だったために遠回りになる2辺がコースに選ばれていた。どうやらここに事件の鍵が潜んでいるようだ。加宮君はこのあたりを入念に調査して確信を得る。

結局は浦地君のアリバイが成立して真犯人が判明する。それもこれも加宮君が股から覗いていたからこそ解けた謎であった。

『杭を打つ音』（**昭和4年**）

上り列車に乗った「私」の前に、大阪駅から乗り込んだ古風な装いをした紳士が坐った。医者か語学の達人だろうと「私」は想像したが、実際は生物学者だった（ただし、これは後にわかったこと）。その人の顔は苦悶に歪んでいた。「私」は話しかけてみたくなって、たまたま広げていた新聞に貴族院議員、また外国貿易商の梅原龍三が自殺したという見出しが出ていたのを話題に声をかけてみた。と、紳士は恐怖の色を浮かべて梅原が友人だったことを告げ、ここから彼の長い話が始まった。

梅原龍三は旧姓を佐伯といい、梅原家に養子に入ってそこの娘と結婚したが、この夫人がとんでもない毒婦だったということ、紳士は自分の妹と佐伯を結ばせようとしたがその娘が佐伯を奪ったこと、もう一人の友人山本と佐伯の間で梅原嬢を巡って鞘当てがあったことなどを縷々語った挙げ句、梅原が富山県の福沢村に猟に行こうと誘ったところまで話が進んだ。

こうして梅原夫妻と執事の森川、紳士、山本の5人で暗いうちから出かけたのだが、三方に分かれて雉を追っている時、その紳士は梅原夫人を殺すいい機会だという悪魔のような考えが閃いた。ところが前方で白い煙が上がり、続いてタァーンという銃声がした。さらに続いて今度は黒い煙とともにズウンという鈍い音が響いた。駆け付けてみると梅原夫人が撃たれてすでにこと切れていた。ちなみに、白い煙を出し、タァーンと澄んだ音を出すのは雁弾《がんだま》と呼ばれる大粒の弾丸で、雉猟では使わない。黒い煙を出すのは、雉弾と呼ばれるやや小粒の猟銃である。梅原が疑われ、当然山本にも嫌疑がかかったが、確証は得られなかった。

ここまでこの話が完結すれば、それは江戸川乱歩の『押絵と旅する男』と同趣向の車中談ということになる。鉄道とはなんの関係もない。ところが最後の最後にどんでん返しが待っていた！

汽車は名古屋駅に着いた。駅では線路の向こうで杭を打ち込む工事が行われていた。話を終えた紳士はここで悪魔の笑いを浮かべて降りて行った。

第4節　異色の経歴を持つ浜尾四郎と海野十三

東海道線急行の車内で繰り広げられる虚々実々の探り合い

世に探偵小説家多しといえど、これほど華麗な経歴を有する作家がほかにいるだろうか。その人の名は浜尾四郎（明治29年―昭和10年）。東京帝国大学（現在の東京大学）法学部在学中に枢密院議長浜尾子爵の令嬢と婚約して養子になり、子爵を受け継いで貴族院議員、卒業後は検事になり、昭和3（1928）年には弁護士を開業した。その翌年『**彼が殺したか**』で作家デビュー、以後次々に作品を発表した。しかし、惜しいことに脳溢血でわずか40歳で世を去った。残した作品から鉄道ミステリーを1編。

『途上の犯人』（昭和5年）

「私」が東京駅から東海道本線の列車に乗ると、身なりの賤しくない35、6歳の痩せた男が目に入る。見た顔だが、と記憶をたどるうち、昨日路面電車の中で乗り合わせた男だとわかった。その時もそうだったが、今もその男は私の顔を凝視している。「私」は気味悪くなって、席を変えてその男に背を向けた。しかし、三島駅に着いた時、ついに「××先生じゃありませんか」と声をかけられた。その男は自らを田舎のつまらない教師だと名乗った。

ここから「私」はこの男、相川俊夫から驚くべき話を聞かされることになった。相川は「私」のことを前歴から今は弁護士で探偵小説の作家であることを知っており、そんな正義の士が探偵小説で犯罪を煽るようなことを書いてはいけないと非難する。「私」が適当にかわしていると、ウイスキーで酔った相川は現に「私」の小説に触発されて2歳になったばかりのわが娘を殺したと打ち明けた。それも、巧妙に仕組んで病死に見せかけた殺人である。動機は、妻が水原という男と痴情関係にあり、娘はその男の子供だからということにあった。

汽車がT駅に着くと、「私」と相川は寄り添うようにして下車した。たまたま「私」もその地の警察に用があったのである。と、ホームには刑事とおぼしき二人の男が待ち受けており、相川をその場で拘束した。「私」は署長から相川の妻が自殺したこと、そしてそれが疑わしいことを知らされる。やがて司法主任に連れられて相川が現れたのだが……。

「私」が、そのまま浜尾四郎自身に重ねられているところが意表をついていて面白い。

執筆中の海野十三
（写真：Kodansha／アフロ）

次に登場するのは海野十三（明治30年－昭和24年）である。

海野十三は早稲田大学を出た工学士で、早稲田では電気工学を専攻した。生粋の理系人間である。本名は佐野昌一。卒業後は逓信省の電気試験所研究部に勤務、無線やテレビの開発に没頭した。本名時代は電気関係の解説書などを書いていたが、昭和3（1928）年に**『電気風呂の怪死事件』**で作家デビューした。当時、『新青年』の編集長をしていた横溝正史が執筆を依頼したという。第二次世界大戦中、海軍の巡洋艦「青葉」に乗艦したが健康を損ねて帰国、戦後結核にかかり、50歳を少し出たところで死亡した。経歴が語るとおり、電気の知識を生かした作品が多い。

『省線電車の射撃手』（昭和6年）

9月21日の午後10時半近く、品川方面を走っていた省線電車がエビス駅を発車、目黒駅に向かっていたところ、4両目の車両で17、8歳の美少女が前方に滑って床にうつ伏せに倒れ込んだ。少女は左胸を撃たれ、鮮血を流して死んでいた。電車は非常警笛を鳴らして全力で走り、目黒駅に到着した。少女が倒れた時、駆け寄った乗客のなかに探偵小説家の戸浪三四郎の姿もあった。

警視庁の大江山捜査課長が駆けつけ、やがて車掌が尋問された。乗り合わせていた乗客は散り散りになってしまい、残ったのは戸浪と商人風の男の二人だけだった。車掌は、銃は車内から発射されただろうと証言したが、これに対して商人風の男は弾は窓の外から飛んできたという。戸浪もその説に賛成する。

沿線に住む笹木光吉の屋敷から薬莢《やっきょう》が発見され、この青年に嫌疑がかかる。彼はJOAK（現在のNHK）の技師だという。その笹木の口から赤星龍子という親類の女がたまたま少女のすぐ前に乗っていたことが知らされる。赤星龍子も疑われていた。

第2の事件が発生した。赤星龍子を尾行していた多田刑事がまた電車の車内で人が殺されたと報告する。殺されたのは若い婦人だった。

大江山に警視総監から電話が入り、私立探偵の帆村荘六の助言を受けるよう指示されるが、大江山はこれを断る。

多田刑事の目の前で、また山手線の車内で事件が発生した。今度の被害者は赤星龍子だった。

やがて大江山の前に帆村荘六が現れて事件を解決に導くのだが、犯人は意外にも……。

なお、帆村荘六は海野十三が創造した探偵で、海野の作中によく登場する。この「帆村」は「ホームズ」、壮六は「シャーロック」、つまりはシャーロック・ホームズをもじったものである。

『急行列車の花嫁』（昭和11年）

次は、舞台が一転して東海道本線に変わる。

午後10時近く、東京駅で人待ち顔をした谷川竜二が、ついに待ち人が現れず、発車寸前に下関行きの急行、第19列車の3等車に飛び乗る。彼は婚約者の衣川糸子という美しい女性を待っていたのだった。これは糸子の指示によるものだったが、糸子は車内のどこにもいない。

じつは竜二は糸子と知り合ってまだ間がなかった。それどころか糸子の正体さえよく知らなかった。たまたま、竜二が大学生の頃、箱根から十国峠へと感傷旅行をしていた時、突然後方から自動車が近づいて、彼を轢いてしまったのだ。気がついたら、竜二は両眼に包帯を巻かれて小田原の病院の1等室に横たわっていた。そこには糸子が謝りながら介抱してくれていた。竜二と糸子はそれが縁で恋仲になったのだが、その後糸子は「――あたしはあなたのものよ。（中略）呪われた子より」と書かれた置き手紙を残して姿を消す。そして中国の青島《チンタオ》、新京から手紙をくれた。最後に、「一九列車に乗ります。貴方も必ず乗ってネ。間違えるとたいへん、それっきり縁が切れてよ。（車上結婚の日、糸子より）」という電報を受け取って、竜二は取るものもとりあえず19列車に乗ったのだった。なのに、その糸子は現れなかった。車内には結構な乗客がいた。

竜二は、男から食堂車に呼び出されて、花嫁の居場所をいえと脅迫されたり、濃艶な着物姿の女に話しかけられて、竜二はこれが糸子ではないかと疑ったり、東京弁をしゃべる男と関西弁の女の新婚さんに気を取られたり、車室に戻ったら荷物がなく、次の車両に置かれていたり（竜二は自分が車両を間違えたと思った）、着物の女が消えていてその座席で血痕を発見したり、血の跡をつけたら最後尾の車両が消えていたりと、奇怪なことが次々に起こる。

そして、ついに殺人事件が起こる。彼の前に坐っていた、もしやこれが糸子ではと推測した若い女がトイレの中で惨殺されたのだ。なぜかこの時には浜松駅から大勢の警官が乗り込んでいたので、すぐに非常線が張られて捜査が開始された。それにしても糸子はどこにいるのだろう。最後の最後に竜二は知ることになるが、その結末はもちろん内緒にしておこう。一つだけヒントを出しておこう。それは、この列車に私立探偵の帆村壮六も乗っていたということである。

第5節　岩藤雪夫の機関車を描いた鉄道ミステリー

犯罪の現場になった機関車

鉄道ミステリーの舞台は、なにも駅や車内とは限らない。旅客列車や貨物列車を牽引する機関車もまた十分に犯行現場に成りえた。先例としては第2章で取り上げたクロフツの『床板上の殺人』（1950年）が挙げられるが、日本でもこれに類した鉄道ミステリーが数編作られた。ただし、この作品の作者たちがクロフツのこの作品を事前に読んでいたかどうかはわからない。

次に、**岩藤雪夫**《いわとうゆきお》（明治35年―平成元年）の作品を紹介する。

岩藤雪夫は、左翼作家の葉山嘉樹《はやまよしき》の影響を受けて、最初はプロレタリア系の作品を書いたが、内紛に巻き込まれて所属していた労農芸術家連盟を脱退、後には横浜で地域文学の発展に尽力した。本名を岩藤俤《てい》といった。残した推理小説はそんなに多くない。

『人を喰った機関車』（昭和6年）

ある駅の機関庫に「人喰い機関車」と呼ばれる機関車が所属していた。№.628 45号機である。もう10年も昔の話だが、この機関車が旅客列車を牽いて走行中、機関手の児玉正広と助手見習いの三浦三平が争いになり、児玉が殺された。列車は後部車両にいた車掌が危険ブレーキを引いたので辛うじて停車したが、運転室に三浦の姿はなく、5マイル（約8km）も離れたトンネルの出口の海岸に三浦の上着や帽子が見つかり、三浦はここで死んだと推定された。

この真相が判明したのは、死んだはずの三浦が駅前の飯屋の親爺に宛てた手紙からだった。親爺からその手紙を受け取った娘婿がその手紙を披露する。手紙には、児玉を殺した後、三浦は自分も死のうと海岸に行ったが、思いとどまって行方をくらましたこと、児玉と三浦、それに同僚の長持が飯屋の娘お京を争っていたこと、3人が所属する全日本鉄道従業員組合の支部が労農党を支持することを決議したが、そのことを児玉が駅の幹部に密告したことが書かれていた。三浦が児玉を殺す動機は十分にあったのだ。じつは、この手紙を密かに開陳した娘婿こそは長持であった。三浦の手紙はお京のためにも海で死んだことにしておいてほしいと結ばれていた。

プロレタリアートの作品だけあって、組合運動が絡む推理小説になっているあたりがほかの作家の作品と異なる持ち味を醸し出している。

第6節　太平洋戦争に応召してフィリピンで果てた大阪圭吉

忽然と消えた機関手と機関助手

次は大阪圭吉（明治45年—昭和20年）の作品。大阪圭吉にも、機関車を主題にした短編が2編ある。このほか、大東京駅を舞台にした短編も洒脱で面白い。

大阪圭吉は本名鈴木福太郎。旅館の息子として生まれた。上京して日本大学の夜間部を卒業した。懸賞小説に応募した作品が甲賀三郎の目に留まり、甲賀の推薦で**『デパートの絞刑吏』**が『新青年』に掲載されてデビューした。しかし、太平洋戦争が勃発して昭和18年に応召、フィリピンで戦病死した。34歳という若さだった。

『とむらい機関車』（昭和9年）

2年前までH駅の機関庫に勤めていた「私」が、車中で前の座席に坐った大学生に語る。今はもう退職した「私」は哀れな女の命日に墓前にお詣りするためにこの汽車に乗ったという。

H駅の機関庫には、よく轢殺事故を起こすことから「葬式機関車」と呼ばれる古くて煤けた、大きな機関車が所属していた。その番号はD50・444である。つまり、D50形貨物機関車である。東海道線に配置されて以来、二十数件の轢殺事故を起こしたという曰くつきの機関車だった。

そんな機関車に乗ると必ず事故を起こす乗務員がいた。オサ泉と呼ばれる長田泉吉という機関手と助手の杉本福太郎である。二人とも呑気屋だった。しかし、この機関車だけは恐れていた。

そして、時雨が降るある秋の夜、またしても事故が起こった。H駅近くの陸橋の下で40歳くらいの女を轢いてしまったのである。これをきっかけにオサ泉は供養の意味で安物の花輪を運転室の天井からぶら下げようと発案した。これには仲間も挙って賛同した。

今から2年前、オサ泉と杉本が乗務中またも事故が発生した。葬式機関車が機関庫に着いた時、杉本が毛の生えた肉片を機関車の下からつまみ出した。これは黒豚のミソだろうと判断されてけりがついた。ところがそれから数日後、今度は白豚のミソが車輪に絡まっていた。こうしたことが4件続いた。とうとう堪りかねて主任が巡査派出所に届け出た結果、これらは近くの農家から盗まれたものだと判明した。奇妙なことにこの豚轢殺事件は7日おきに発生した。

ここで、帝大出の片山機関庫助役が登場する。片山はB町の豚が盗まれた農家を訪ねて当時の状況を訊いたり、捜査にあたった巡査に尋ねたり、オサ泉が事故が起きるたびに花輪を買いに行く十方舎という花屋を探ったりしながら推理を進める。そして、その過程で驚くべき真実が浮かび上がり、さらなる悲劇の真っただ中へと突き進むのであった。

なお、車中で学生に話を聞かせた「私」とはオサ泉である。

ちなみに、D50形蒸気機関車だが、製造が380両で打ち切られて弟分のD51形がこれに代わったから、444号機というのは存在しない。

『狂った機関車』（**昭和9年**）

吹雪が荒れ狂う深夜、M警察の内木司法主任からの依頼で訪ねた探偵の青山喬介と「私」が旅舎で寝入っていたところ、内木主任からの電報でW駅の殺人現場に急行する。駅長や助役、駅員もすでに駆け付けていた。死体を検死した警察医は死後まだ30～40分だという。時計は4時10分を指していた。現場は駅の西外れ、給水タンクのあるあたりである。血の雫が見つかったが、それはさらに西へと続いていた。被害者は制帽などからW駅から30マイル（約48㎞）離れたH機関庫の従業員らしいが判然としない。

助役の話で、この時刻にタンク機関車2400形・73号が長距離の臨時列車を牽いて通過したことがわかる。タンク機関車というのはボイラーの側面に小さなタンクをつけた機関車である。

青山喬介の捜査が始まった。青山は死体に付着していた白い粉に目を留め、それを顕微鏡で覗いていた警察医から橄欖岩《かんらんがん》に準長石《じゅんちょうせき》だと知らされる。青山はこれで犯行に使われた凶器が線路の搗《つ》き固め工事に使われる撥形鶴嘴《ピーター》であることを突き止める。

「私」と青山が血の雫をたどってさらに西へ進んだところ、もう一体、死体が見つかった。こちらは鋭利な短刀で背後から刺されていた。直後に、被害者は機関手の井上順三と助手の土屋良平だろうということがわかった。

もし、この二人が機関手と助手だとしたら、彼らが乗務していたタンク機関車はどこにあるのだろう。第一の殺害現場に戻った青山は同型の機関車を出してもらい、細部にわたって検証する。それから、給水タンクに上ってその鉄蓋を調べた。と、そこには足跡や撥形鶴嘴を置いたり引いたりした痕跡があった。青山はその痕跡から犯人は片腕を失った人間だと断定した。ああ、その男とは……！　機関車はその後、廃港の突端の先端に深々と沈んでいるのが見つかった。

『三の字旅行会』（昭和14年）

東京駅で赤帽（荷物運搬人）をしている伝さんは、ホームでしばらく前から不思議な光景を目にしていた。その伝さんが首をかしげていたのは、東京駅に午後3時に着く東海道本線の急行列車の前から3両目の3等車から婦人が、あまり風采の上がらない、人のよさそうな男に手荷物を持たせて降り立つことであった。その手荷物には赤インキで三の字を書いた荷札が決まって付いていた。婦人は日によってそれぞれ異なっている。

ある日、列車の到着を待つ間に伝さんはホームで思い切って男に話しかけてみた。男のきれぎれの話では彼は三の字旅行会という旅行会の一種の案内人みたいなもので、この旅行会はとある篤志家が運営しているという。そして、その篤志家というのが貧乏だった頃にある女に子供を産ませてしまい、その子に三枝と名づけたが、母親は三枝が3歳の時に死んでしまった。三枝は大変利口な子で関西方面の慈悲深い人に引き取られたが、元来病弱で、3月に30歳で亡くなった。大金持ちになっていた父親がこの話を聞いて、その育ての親を支部長にしてその人の推薦で親のない30歳以下の婦人で東京に旅行したい人を毎日一人選び、三の字会員として３００円以内のお金を渡して遊ばせる、と、すべて数字の三にちなむ話であった。

ある日、降車口（筆者注。この時代は現在の丸の内北口が降車口、南口が乗車口に分かれていた）の改札係の宇利氏がやはりこれらの婦人客のことを不審に思っていて伝さんに話しかけてきた。伝さんが得意になって話すと、今日の3時に改札口の自分の横に立ってくれという。この日、降りた三の字旅行会の婦人はまだ22、3の娘だった。宇利はその女に続いて改札口を通り抜けようとした男を引き留めた。

ここから結末に向かって物語は一気に進むが、そのオチというのが意表をついていて面白い。

第7節　怪奇趣味豊かな夢野久作の幻想的な鉄道ミステリー

気が狂った男の妄想かそれとも現実の光景か

夢野久作（明治22年―昭和11年）といえば、怪奇小説の名手としてつとに知られるが、不可思議な幻想の世界に誘い込むその筆法に酔いしれる読者は多い。一度は忘れられかけたがその後再評価され、どうやらそれは今に続いているようだ。

夢野久作の本名は杉山泰道《すぎやまやすみち》。とてもこの名前からは作風を想像できないが、筆名の夢野久作となるとどこやら現実離れしてくるから不思議だ。ところがこの筆名、売文を嫌った父が息子の作品を読んで、「夢の久作の書いたごたる小説じゃねー」と感想を述べたことからつけたものという。

夢野は福岡県の出身だが、この地方で「夢の久作」とは夢想家のことを指すそうである。案外、夢野久作にも夢想家の傾向があり、そのことを自覚していたからつけたものだろう。

その夢野久作がものした怪奇な鉄道ミステリーを1編。

『木魂《すだま》』（昭和9年）

両親がかなり年を取ってから生まれたせいか、虚弱だった「彼」は、とある鄙びた山里の線路際の家に住んでいる。小学校の教師だが、生まれついての秀才で、ことに数学が得意だった。なにもこんな山里の教師にならなくてももっといい活躍の場を得ることもできたろうに、「彼」は生徒の頭脳に期待を寄せて、今の教育法に一大革命を起こし、社会に活かさせようと敢えて教師の道を選んだのだった。

「彼」は独り暮らしの身だった。いや、正しくは12、3年前に村長の娘キセ子と結婚し、一子太郎をもうけたが、二人ともすでに世を去っていた。太郎はなんと線路を歩いていて汽車に撥ねられたのである。太郎は父に似て数学が大の得意な子供だった。線路を歩いたのは、学校までは道路を歩くよりかなりの近道だったからである。

「彼」が幻想に悩まされるようになったのは、その後のことである。「彼」はキセ子と太郎に、ことに太郎に「俺が悪かった。許してくれ」と謝り続けた。「彼」が常々太郎に線路を歩くなといいながら、そのくせ自分は線路歩きをすることが多々あった。現に今も線路を歩いている。

彼の幻想はますます深まっていった。そしてある日とうとう破局がやってきた。

と、ここまで書いてきて、ここに梗概を記すことがいかに無意味なことかということをいやというほど知る羽目に陥ってしまった。無味乾燥なこんな文章を連ねることに嫌悪感を覚えてしまったからである。こんな調子ではこの作品の怪奇性を伝えることなどできたものじゃない。

というわけで、ぜひ原作に接してその不可思議な味わいを満喫してもらいたい。できれば家人が寝静まった深夜に読むのがいいかもしれない。

第8節　論理性を追求した蒼井雄の鉄道ミステリー

大阪の豪商船富家の母と娘が殺された不可解な事件

蒼井雄（明治42年―昭和50年）は本名を藤田優三といい、工業学校を卒業して関西配電（現在の関西電力）の電気技師になった。少年時代にコナン・ドイルやフリーマン・ウィルズ・クロフツの作品に接して探偵小説に興味を持ち、仕事のかたわら筆を執った。そして書き上げたのが『**狂燥曲殺人事件**』（昭和9年）であり、『**犯罪魔**』（昭和10年）であった。この『犯罪魔』を江戸川乱歩が激賞したこともあって、春秋社という出版社が募集した懸賞小説で第1席に選ばれた。翌年、この作品は『**船富家の惨劇**』と改題されて出版された。蒼井雄の出世作であり、代表作ともなった長編推理である。蒼井雄の作風は、事件の経過を論理的にたどることで必然の結果として解決に至るというもので、この姿勢は終始一貫していた。

ただ、蒼井雄は作家として一本立ちするという道を選ばず、あくまで仕事の余技として執筆作業を続けたので残された作品は少ない。仕事を定年まで全うした稀有の作家である。

『船富家の惨劇』（昭和11年）

南紀、大阪を舞台にした連続殺人事件、失踪事件を扱った長編で、時刻表がアリバイ作りに利用されている。時刻表物を得意とした鮎川哲也、松本清張、西村京太郎らの先駆を成す鉄道ミステリーである。しかも、地名だけでなく列車ダイヤも当時の時刻表に則しているから、その迫真性ときたらない。こんな凄い時刻表物がすでに昭和初期に書かれていたことに驚きを禁じ得ない。

事件は南紀・白浜の崖の上に立つ白浪荘という旅館の8畳と6畳の2間から成る別室で発生する。大阪の富豪船富隆太郎の妻弓子が6畳の部屋で惨殺され、隆太郎が裏の小道に血の跡を残しながら崖のてっぺんにある三所神社の境内から姿を消した。隆太郎が弓子を殺し、自らは共犯者に崖から海に突き落とされたと推測された。ただ、隆太郎の死体は見つからない。

隆太郎と弓子は再婚で、船富家は弓子が跡目を継いでいる。弓子には由貴子という娘があり、その元婚約者の滝沢恒雄が白浪荘を訪れて隆太郎と激しく口論したことが従業員の証言で判明しており、その後泥酔していたところを目撃されている。当然、嫌疑は滝沢にかかり、警察は滝沢を逮捕する。

この事件の解決を滝沢の兄から依頼された大阪の桜井英俊弁護士は、元警視で今は私立探偵をしている、かつて敏腕でならした南波喜一郎を現場に行かせた。しばらくして、桜井の推薦で須佐英春という眉目秀麗、爽やかな面立ちの青年がやってきて南波の助手になる。須佐は滝沢の友人で、今は由貴子の婚約者である。その須佐はしきりに滝沢が犯人のわけはないと力説する。南波と須佐は調査を開始、隆太郎の失踪はどうやら偽装らしいと判断、隆太郎には滝沢に似た風貌の共犯者がいて、その男が弓子を殺害したのではと推測する。しかし、その共犯者の足取りは杳として知れない。そして、隆太郎の過去を洗ったところ、どうやら恐喝の常習者の納屋隆之介らしいと判明した。しかし、その納屋はかなり昔に獄死していた。

さて、なにしろこの作品は大長編なので、ここからは梗概を端折って鉄道に関係する部分だけ抽出して記述することにする。

まず滝沢の当日の足取りだが、滝沢のいうところでは突然隆太郎に電話で呼び出され、船富夫妻と落ち合うべく慌てて南海鉄道難波駅に向かったが、滝沢は船富夫婦と共犯者が乗った午後1時10分発の白浜直行の電車に2分の差で乗り遅れ、10分後に出る普通電車に乗って和歌山市駅で列車を乗り継いで紀勢西線（現在の紀勢本線）の白浜口駅（現在の白浜駅）に午後3時57分に着いたという。しかし、その後田辺署の田所強力犯係長は、これは嘘の供述で、実際は滝沢は難波からタクシーを飛ばして天王寺発午後1時30分の阪和電鉄（現在のJR阪和線）の電車で東和歌山駅に直行、ここで紀勢西線に乗り継いで白浜口駅に着いたのではないかと判断した。

というわけで、ここでこの時代の大阪と和歌山を結ぶ路線を昭和9（1934）年の時刻表で検証してみることにする。まず南海鉄道だが、午後1時10分発の特急というのは新設されたばかりの特急「黒潮号」のことだろう。ただ、この特急は土曜日のみの運行で、この作品には日付は書かれているが、曜日が入っていないから被疑者滝沢恒雄がこの列車の存在を知っていたものかどうかという疑問は残る。一方、阪和電鉄の天王寺午後1時30分発の電車は存在する。また、白浜口に午後3時57分に着く列車も確かにある。つまり、この作品は登場する地名といい、列車のダイヤといい、かなり忠実に再現されていると判断していいだろう。

さて、事件はさらに進展していて、隆太郎が共犯者と逃亡していて、熊野灘に臨む木ノ本から遡った東熊野街道の山中の洞窟で指紋を剥がされた状態で死体で発見されたりした後、次には共犯者を追う展開になる。調査で、共犯者はこの街道をさらに遡って吉野鉄道（現在の近畿日本鉄道吉野線）の下市口駅から乗車、終点久米寺駅（現在の橿原神宮前駅）から大軌（大阪電気軌道。現在の近畿日本鉄道南大阪線）に乗り換え、大阪へ出たのではと推測される。ここではダイヤは書かれていないが、もちろん路線はすべて実在する。

事件はさらに広がりを見せ、今度はついに由貴子までもが殺害され、一旦は釈放されていた滝沢恒雄がまたしても逮捕される。南波は必死で事件を追うが、本当の犯人の手がかりはまったくつかめない。

物語の大詰め、舞台は一転して飛越線（現在の高山本線）、中央西線・篠ノ井線に移る。なんと、共犯者とおぼしき若い男が飛越線下呂駅近くの森林で死体で発見された。青酸カリを飲まされていた。ここで、俄然真犯人が浮上するのだが、その犯人が誰かは伏せておくとして、彼には牢固としたアリバイがあった。松本の浅間温泉に滞在していたというのである。つまり、ここから中央西線・篠ノ井線で飛越線に出るには多治見で太多線に乗り換えて美濃太田から下呂に向かわなくてはならない。しかし、これでは犯行推定時刻に現場に立つことは到底できない。南波は壁に突き当たった。さて、この経過を時刻表で検証してみると、これもまた地名は実名であり、ダイヤも当時の時刻表とぴったり符合している。

　このアリバイが崩せず、ついに行き詰まった南波は国際的名探偵赤恒滝夫に助言を求めた。すると、南波から事件のあらましを聞いた赤恒はいとも簡単に真犯人を発見したのであった。赤恒によると、真犯人は南波の近辺におり、南波をうまく操りながら殺人を重ねていたのだった。

『執念』（昭和11年）

　激しい雨風のなか、須見は恐ろしい悲鳴を聞いた。彼は娘が高熱を出したので医者を呼びに行くところだった。道路に沿う線路の上を轟々と音を立てて汽車が通り過ぎた。そこで須見は路上に倒れた男を発見した。両手を蟷螂《かまきり》のように肩の上で折り曲げ、両足を広げて膝を立てるという奇妙な格好で死んでいた。まるで土で造った人形のようだった。

　やがて自動車が近づいてきた。乗っていたのは須見が呼びに行くはずの栗原医師である。須見は一度電話で往診を依頼したのだが2度目は嵐で通じなかったので、呼びに行くところだったのだ。栗原医師は、まず須見の娘を診察しようと、運転手の連絡で到着した堀間巡査に現場を見張るよういいつけて須見の家に向かう。車中、栗原は須見から状況を聞き取るが、須見は被害者がなぜあのような形で倒れていたのか質問する。栗原はそれには答えず、あの悲鳴は被害者が発したものではなく、殺されてから誰かに背負われて現場に運ばれたものだという。

　夜が明けて、被害者は42歳になる、××貯蓄銀行の集金人の畑中武太郎と判明した。集金したお金は盗まれたらしく、折鞄には伝票や集金簿しか残されていなかった。

数日の後、娘の病状は日に見えて回復する。その後ほどなく栗原医師は犯人を突き止めたが、犯人の家では痩せた女が死んでいた。栗原が、居合わせた夫である犯人に妻を背負わせるや、男は悲鳴を上げて逃げ去ってしまった。その悲鳴はまさに須見が聞いたものだった。栗原の口から、悲鳴の原因を教えられて須見はようやく得心したのだった。

第4章　焦土のなかで再び芽を出した鉄道ミステリー

第1節　戦後の荒廃のなかから立ち上がる

用紙不足のなかすばやく立ち直りをみせた文学

第二次世界大戦は、国民の暮らしはいうに及ばず、その暮らしに豊かな彩りを添えてくれる「文化」までをも破壊しつくして終結した。

けれども、戦後の荒廃からの国民の立ち上がりは早かった。荒土のなかに立ち込める熱気はすさまじく、いまさらに人間が先天的に備えたしたたかさを見せつけた。

戦時中逼塞を余儀なくされた「文化」もまたいち早く息を吹き返した。もちろん、その一翼を担う文学も素早い立ち直りを見せた。探偵小説ももちろん例外ではなかった。ただ、文学にとって不幸だったことは、用紙が著しく不足していたということである。書籍や雑誌を出版社が企画しても用紙が手に入らなければ本を出そうにも出しようがない。どうしようもなく傷んだ屑紙を漉き返して作られた「仙花紙」と呼ばれた粗悪な和紙で急場をしのいだが、この用紙はすぐにぼろぼろになってしまうという代物だった。出版人はそんな状況のなか奮闘した。

大きな被害を蒙った国鉄の復旧から復興への道のり

視点を変えて、この時代の鉄道の状況を概観してみよう。

日本の鉄道のなかでも、日本全国に路線が敷かれた国鉄（戦前の鉄道省が解体されて、戦中は運輸通信省に、戦後は運輸省が管轄するようになった）が蒙った被害の大きさには計り知れないものがあった。米軍の空襲が激しくなるなか、東京を始め、全国の大都市、中都市、小都市が焦土になったが、軍事輸送の手段としての鉄道もまた標的にされて多くの職員が死傷するとともに、線路、駅などの施設も戦火を浴びた。

駅の被害は198駅に及び、線路は延べ1600㎞が損傷、車両は機関車881両、客車2228両、貨車9557両、電車563両、このうち蒸気機関車16両、電気機関車2両、電車361両、客車919両、貨車2283両が修復不能で廃車になった。

加えて、戦前・戦中の軍事輸送が皆無になるのと入れ替わって、戦後は一転して旅客列車の需要が高まった。疎開地から戻る人、戦地から復員してきた人、農村へと食糧の買い出しに走る人で駅には大勢の国民が押し寄せたが、石炭が不足して蒸気機関車をなかなか動かせなかったり、客車が足りなかったりして運行はままならない状態が続いた。追い打ちをかけるように、戦争末期あたりから始まったインフレが昂進、国民を苦しめた。国鉄は頻繁に運賃の値上げを繰り返した。

また、都会地ではサラリーマンやビジネス・ガール（この時代はオフィス・レディというよりこう呼ばれることが多かった。略してBGと呼ばれた）が朝晩乗り降りする短距離・中距離を走る列車が超混雑を呈した。ラッシュのハシリである。もちろん長距離列車にも国民が殺到した。

国鉄に、ようやく立ち直りの兆しが見えたのは、戦後も4年が流れた昭和24（1949）年あたりからである。この年、運輸省から分離されて日本国有鉄道（国鉄）が6月1日に発足、なお混乱は続いたものの、9月15日には戦争末期にすべて廃止されていた特急が東京～大阪間に復活した。その名も「へいわ」と名づけられたこの特急は、まだ戦前の水準には届かなかったが、戦後復興の象徴と位置づけられて、国民を鼓舞するように東海道本線をひた走った。

国鉄が誕生した直後、東京～神戸間に投入された特急「へいわ」。戦前の特急と同様、最後尾には展望車が連結されていた

昭和20年代後半に入ると、国鉄はほぼ復旧を終えて復興へと歩を進めていった。

国鉄の復旧・復興に足並みを揃えるようにして、文学、探偵小説も勢いを取り戻したが、このあたりは第1部で触れたから、ここには繰り返さない。

第2節　戦後の探偵小説の口火を切った横溝正史

実際の殺人事件をもとにした探偵小説を書くはずが……

さて、本題に立ち返って復旧・復興に明け暮れた昭和20年代の鉄道推理小説を繙いてみよう。

まずは終戦直後の昭和21（1946）年に発表された横溝正史（明治35年―昭和56年）の1編。

執筆中の横溝正史。昭和40（1965）年撮影
（写真：Kodansha／アフロ）

『探偵小説』（昭和21年）

横溝正史が密室物の『本陣殺人事件』（昭和21年）で戦後の推理小説の口火を切ったことは、第1部で詳述した。この作品は『宝石』の昭和21年4月号から12月号まで連載された長編小説だが、『探偵小説』は『新青年』の10月号に掲載された短編である。ということは連載の合間に書かれたことになる。終戦直後だったにもかかわらず、正史の旺盛な執筆

意欲が窺える。

時代は戦争前、スキーが盛んだった10年ほど前のこと。「わたし」こと鮎川は小説家Mの招きで東北本線の沿線にあるN温泉にスキーに行った。鮎川は駆け出しの女性歌手である。

スキーを楽しんだ鮎川が探偵小説家の里見と洋画家の野坂と一緒に午後3時発の列車で帰ることにしてN駅に駆けつけたら、汽車が雪崩のために1時間遅れることがわかった。3人はホームにある小さな待合室で待つことにする。そこには奥の隅にすでに男が2人いて、押し黙っていた。

そんななか、里見が原稿の締め切りに追われており、物語の主題をひと月ほど前にこの地で起きた女子学生殺しに求め、ただし犯人は別人にしてある、おかしなところがあれば指摘してくれと前置きして、荒筋を語り始めた。この駅から5町ほど西にある山の出っ鼻から南に3町ほど行った杉の森神社で女子学生那美が絞殺されて雪に埋まった状態で発見されたことに端を発し、那美はこの地の素封家の田口家の娘で、少し離れたT市の学校に通っていたこと、ただし冬場はその市の遠縁の家に下宿していたこと、那美が「チチキトクスグカエレ」という電報を受けてT女学校の教頭の古谷にその旨告げて失踪したこと、その古谷は那美の保証人で田口家の主人が中風で寝込んでいるため見舞いにやってきたこと、ところが主人に変わったところはなく、それが那美宛ての偽の電報に操られての行動だったことなどを里見は語った。

解剖の結果、那美が妊娠していたことがわかり、やはり田口家同様、素封家の秋山家の二男の次郎がどうやら相手らしいとわかった。次郎と那美は仲がよかったからである。当然、殺人も次郎がやったのだろうと疑われたが、次郎は自分ではないと主張した。しかも、確たる証拠はない。

那美の持ち物を調べたところ、鉛筆、ベレー帽、下宿先の未亡人から貰った10個のリンゴのうち1個が紛失していることがわかった。ここで古谷が疑惑の線上に浮上する。しかし、古谷には不動のアリバイがあった。

ここまで話したところで里見はこの話はあくまで小説のうえでの話だと断り、「はっはっは、いやに急ぐね。犯人は古谷先生」といった。そして、どうやってそのアリバイが崩れていったか、その経緯を話し出した。どうやら那美は杉の森神社ではなく、古谷の家で殺されたらしい。では、どうやって死体を運んだか？　これはどうやら東北本線の列車、それも貨物列車が関係しているようだ。そして里見は死体を運搬した方法を縷々話した。

里見が鮎川と野坂に促されて殺人の動機を話そうとした時、それまで待合室の隅で眠っていたとばかり思っていた男の一人が突然、「なかなか面白い話ですね」と割って入った。そして、驚いて飛び上がった3人にその続きを話させてくれといって話を始めるのだった。

フィクションが、複雑な展開でいつか現実にかぶさり、しかも最後にどんでん返しまでもが準備されている、凝りに凝った作品である。

第3節　国鉄マンだった海野詳二と芝山倉平の機関車を主題にした推理小説

機関車の中で助手が機関士を殺して逃走した

これまでにも蒸気機関車に材を取った戦前の鉄道推理小説をいくつか紹介したが、客車や貨車同様、機関車も推理作家にとっては食指をそそる素材であるらしい。

まず**海野詳二**《うんのしょうじ》（明治43年―没年不詳）の『**蒸気機関車殺人事件**』から紹介しよう。

海野詳二は、国鉄マンだった。名古屋鉄道局の電気部に所属した技術屋さんだったらしい。この作品はここに在職中に書かれたもので、鮎川哲也編の『鉄道ミステリー傑作選　見えない機関車』によると昭和21（1946）年に業界紙の運輸日報に掲載されたとのこと。ところが、作者の手元から資料が散逸してしまったので、鮎川哲也が改めて書き直してくれるよう依頼したという。よほど鮎川の発表当時の印象が強かったのだろう。どうやら余技で書かれたもののようで、ほかに海野の作品はない。

『**蒸気機関車殺人事件**』（**昭和21年**）

「私」こと山部達郎の語りで物語は進む。山部は機関助手で、機関士の贄川周三を乗務中に殺害、その後姿をくらました犯人である。しかし、山部は絶対に殺していないという。

贄川が35歳、山部が21歳の時、事件は起こった。二人が乗務するC57形蒸気機関車が客車8両を牽いて○○駅を午後2時38分に発車、夜中の2時10分にF機関庫に戻ったが、不思議なことに贄川と山部の姿はなかった。調べたところ、投炭用のスコップの柄と投炭焚き口付近に血痕がついており、山部が下車するところが目撃されていたことから、山部がなんらかの理由で贄川を殺し、死体を火床に投げ入れて焼却したのではないかと推察され、山部は指名手配された。

山部は母と二人暮らしで、一日も早く機関士になることを夢見て業務に励んでいた。そんな山部を贄川は弟のように可愛がり、なにかと指導、励ましていた。

ここまで話したところで、山部はC57形機関車が「八頭身美人」にもたとえられるほどの名機で、そんなことから「貴婦人」と呼ばれていることに触れ、延々とこの機関車のことを話す。そして、贄川がお召列車の機関士という名誉を担うほど運転の達人だということを熱く語る。

それほどにまで敬愛する贄川を山部はなぜ殺さなくてはならなかったか？　いや、山部は絶対に殺していない、贄川は必ず生きていると繰り返すのだったが。

時は移って、事件から数年を経た頃、山部はある老人から「山部さんじゃないですか」と呼び止められる。それは老け込んでいるように見えたが、紛れもなく贄川その人であった。そして、二人の思い出話の中で真相が明かされてゆく……。

山部がC57形について語る話など、なんだか蛇足だという気もしないではないが、作者はよほどこの機関車が好きだったのだろう、わざわざD51形と比較した性能表まで添えている。なんでも海野は機関士に頼んで名古屋から浜松まで乗せてもらったことがあるという。もっとも、この時の機関車はC57形ではなかったと思われるが……。おそらく運輸日報に発表された時はこの件は書かれていなかっただろう。というのは、C57形が「貴婦人」と呼ばれるようになるのはずっと後年のことだからである。

三国トンネルの中で殺人事件が発生した!

次は、蒸気機関車ではなく電気機関車を舞台にした鉄道ミステリーを取り上げるとしよう。その名もずばり『**電気機関車殺人事件**』という作品である。作者は**芝山倉平**《しばやまそうへい》というペンネームを持つ関四郎《せきしろう》(明治42年—平成2年)という国鉄の技術者である。

関四郎は北海道帝国大学(現在の北海道大学)工学部を出た後、国鉄に入った。技術屋であり、生粋の国鉄マンだった。関は「我国に於ける鉄道電化問題」という論文を発表するなど、国鉄の路線の電化に強い意欲を持っており、これが『電気機関車殺人事件』という鉄道ミステリーを書く動機になったという。この作品発表後、常務理事になり、さらに明電舎の社長をも務めた。生粋の技術屋で、仕事に専念したためか推理小説はこの作品1作にとどまった。

『電気機関車殺人事件』（昭和21年）

この物語の舞台は、主に常信線という路線の追神～鹿湯間の三国トンネルの中にある三国信号場である。追神～鹿湯間にはトンネルの中に追神寄りと鹿湯寄りにループ線があり、追神から4・8㎞の地点には地上に相生駅が、三国信号場から8・3㎞地点にはやはり地上に蓬谷駅がある。そして、三国信号場が常州と信州の県境になっている。

ここに出てくる路線や駅名などはすべて架空だが、ちょっと鉄道に知識のある人なら、これが上越線をモデルにしたものだということがすぐにわかるだろう。とすれば、三国トンネルは清水トンネルのことであり、追神駅は水上駅、相生駅は土合《どあい》駅、蓬谷駅は土樽《つちたる》駅、鹿湯駅は越後中里駅ということになる（水上と土合の間に湯檜曽《ゆびそ》駅があるが、これは無視されている。湯檜曽駅はこの時代は現在の湯檜曽駅を見下ろす山上にあった）。より正確にいえば、トンネルは湯檜曽～土合間は第一湯檜曽トンネル、第三湯檜曽トンネル、第四湯檜曽トンネルであり、清水トンネルは土合～土樽間、土樽～越後中里間にも第二松川トンネル、第一松川トンネルが貫いている。上州、群馬県と越後、つまり新潟県を分ける県境は茂倉岳である。そして、直下のトンネルの中に上りと下りの列車をすれ違わせるための、三国信号場に擬せられた茂倉信号場があった。なお、この区間を含む水上〜石打間は開業当初から電化されていた。

さて、常信線と上越線についての詮索はともかく、小説としての作品を追跡しよう。

「僕」と友人の清水東作が常信線の電化工事を見学がてら、信州の温泉で語り明かそうと上野発午前8時の701列車で鹿湯温泉に向かった。清水は国鉄の電気技師で、かつて常信線高丘〜長岡間の電化工事に携わったことがある。

列車が三国トンネルに入ったところで、信号場近くで駅員が騒いでいる。と、非常ブレーキがかけられて列車が急停車した。どうやら脱線したらしい。二人が前部のデッキに駆けつけると、松村と呼ばれた駅員が電気機関車の扉を開けようとしていた。運転士が死んだらしい。

運転手はハンマーのような鈍器でめった打ちにされて突っ伏していた。楠田という運転士である。山川という助手の姿はない。清水が身分証明書を提示して捜査の一員に加わる。山川は機関車の中央、制御器室の近くで死体で見つかった。感電死したようだった。全体の様子から、山川が楠田を殺害した後、自らも死んだものと推定された。

鹿湯温泉で一夜を明かした「僕」と清水は追神機関区に行き、楠田と山川のことを訊いた。楠田は人望のある男で、山川は楠田の妻の弟、楠田は山川に目をかけ、山川も楠田を尊敬していたことなどが判明する。

ここから清水の専門知識を駆使した捜査が始まる。とかくするうち、今度は松村が信号場の中で貨物のトラという形式の18ｔ積みの無蓋車に触れて腹部を強打して死亡した。事故と思われたが、清水はこれも他殺と断定、さらに捜査を進めるうち、意外な事実が浮かび上がってきた。そして、清水はついに殺人犯に行き着いたのだった。

さすがは国鉄の電気技師、論理的に推理を進めて事件を解決する手法がなんとも鮮やかである。これで「ははぁーん」と納得した人もいるかと思うが、ペンネームの芝山倉平は芝倉岳に由来する。関四郎はかつて芝倉沢という場所にある事務所で一時電化工事に携わっていた。先に取り上げた海野詳二は名古屋時代の一時期、部下だったことがある。

第4節　戦後の鉄道風俗を諧謔《かいぎゃく》的に表現した渡辺啓助の短編

満員電車の中で芽生えた愛

さて、遅ればせながらの渡辺啓助（明治34年―平成14年）の登場である。浜尾四郎、木々高太郎、海野十三、小栗虫太郎らとほぼ同世代の作家だから、本当ならもっと早くに登場してほしかったが、戦前の作品に鉄道ミステリーがなかったから、ここまで取り上げることができなかった。

渡辺啓助は本名渡辺圭介。昭和4(1929)年、『**偽眼《いれめ》のマドンナ**』でデビューした。ただし、これは当時の人気俳優岡田時彦名義になっている。つまりゴーストライターだった。

青山学院高等部を卒業後、中学校の教員になったが、後に九州帝国大学(現在の九州大学)法文学部史学科に入り直した。そして、卒業後は中学や高校の教員生活を続けた。

昭和17(1942)年、『密林の医師』『オルドスの鷹』が、翌年『西北撮影隊』が直木賞の候補になったが受賞には至らなかった。戦後の昭和32年から3年続けて日本探偵作家クラブ賞の候補にもなったが、こちらも賞を逃している。しかし、その実力は高く評価されていた。

ここに紹介する『**桃色の食欲**』は終戦直後の昭和23年4月の『ロック』誌に発表されたが、この時代の東京と近郊都市を結ぶ通勤列車の車内模様が見事に活写されている。前にどこかで鉄道ミステリーは社会を映すと書いたが、これはその典型ともいうべき1作である。

『桃色の食欲』(昭和23年)

私立大学の講師をしている芒野銀次郎は、自らをとまり木にとまっている人間だと揶揄《やゆ》する。満員列車に辛うじて止まっているからというのだ。しかし、そんななかでも人間はなにかしら夢を拾うものなのだともいう。

彼はいつも上野発午後4時、勤め人が退勤する時刻に発車する723列車で帰途に就く。この列車ときたらすでに上野駅で満員になるのに、赤羽、大宮駅でさらに乗り込んでくるというほどの込みようで、そのくせ車掌はみんなで協力してみんな乗れるよう譲り合おうと絶叫する。そんなことから、この列車は殺人列車だの地獄列車などと呼ばれているが、これが毎日続くのである。

芒野銀次郎はそんななかにあっても、なんとか楽しみを見いだそうと試みている。そんな彼の目に、ジョコンダ姫と名づけた女性が気になる存在として現れる。彼女が恩田千代子という名前を知って、その発音に似せて名づけたのだ。もちろん挨拶もしたことがない。ただ眺めるだけである。そして、眺めながらその女性の年齢とか職業とかを想像するだけである。

ところがある日、そのジョコンダ姫と超接近した状態で乗り合わせることになった。といって、二人ともなにしろ身動きのできない状態だから離れようにも離れられない。彼女の高さが彼の眼の高さより上にあるといった格好で列車は走る。そんななか、彼は彼女の胸かくしから覗いているハンカチに触れた。絹のハンカチで色は桃色である。香水の匂いがする。

次の瞬間、彼は突飛な行動に出た。自分にもその時の心理状態がわからないまま、彼はそのハンカチを口に入れてクシャクシャと噛んでしまったのである。ジョコンダ姫はそうとも知らず、熊谷駅で下車していった。

翌朝、上り714列車に乗った彼は、彼女が熊谷から乗り込むのを見届けて、上野に着いたところで話しかける。夕べのうちに洗濯しておいたハンカチを返そうと思ったのだ。しかし、彼はまさか自分が口に入れたとはいえず、落ちていたのを拾ったという。と、彼女は思わぬ反撃に出た。推理の要素が少ないことから、つい結末近くまで引っ張ってしまったが、その結果、彼は彼女をいっそう好きになってしまったというのがこの小話のオチである。

終戦直後の混乱を描きながら、なんだか一服の清涼剤を口にしたような爽やかさを味わわせてくれる1編である。

第5節 『飛行する死人』1編を残して姿を消した青池研吉

雪深い町で発見された女の奇妙な死体

青池《あおち》研吉《けんきち》(生没年不明)の経歴はよくわからない。鮎川哲也もその足跡を懸命に突き止めようとしたようだが、結局**『飛行する死人』**だけを残して推理小説界から忽然と姿をくらましたためついにわからなかった。このこと自体が推理小説になりそうな、そんな不気味さを漂わせた作家である。

『飛行する死人』（昭和24年）

舞台はとある雪国の小さな町。と、書かれているわけではないが、そう推察される。カストリ屋（粗悪な焼酎を出す店）「ルリ」の看板娘虹子が便所に立って、外を眺めたら雪の中からサルスベリの木のある三角地帯に2本の足が突き出ていた。慌てて板前の穴沢を呼び、その通報で駐在所の若い田才巡査がやってきた。次に本署から巨漢の蟹江警部、判事、検事、鑑識、警察医が到着、検死が始まった。

奇妙な格好で死んでいたのは、貝沼倫子という美人だった。蟹江警部は状況から推してこの死体は空中を飛んできたと推察する。それにしてもどうやって……？

虹子の証言で、昨夜鶴公と秋っぺと深海病院の書生栃倉が店にやってきて、10時半過ぎに倫子と鶴公は連れだって鶴公のアパートへ、秋っぺと栃倉は秋っぺの会社に行ったと証言する。

蟹江警部は深海病院に向かった。ここの離れに殺された倫子は住んでいたのである。書生で薬剤師の栃倉が出て、しばらく待たされた後、奥の部屋に通された。そこには深海静一医師がいた。深海はすぐに察して自らのアリバイについて話した。それによると、昨夜は11時少し過ぎに急患の診察で出かけたという。次に真子夫人の番だった。だが彼女には確たるアリバイがない。次いで栃倉を尋問する。彼は深海医師と倫子が戦時中に南方でいい関係になったといった。栃倉はコマドリという飲み屋で飲んでから12時頃帰ったという。彼の部屋には派手な色彩と模様の雑多な衣装が置かれていたが、栃倉はそれを芝居に使ったといった。その芝居というのは、倫子が創作した『生きている宝石箱』というのだった。

舞台は南方の島。モルヒネ中毒患者の夢子を軍医の花村が注射すると見せかけて麻酔をかける、寝入った夢子の肉体の一部を切り取って宝石を縫い込むというストーリーである。場面が変わって花村が夢子にその宝石を返せと迫る。

倫子の部屋で百田刑事が『生きている宝石箱』が書かれたノートを教会の屋根で発見したといって蟹江に渡した。どうやら、倫子が空中を飛行していた時に落ちたものらしい。ここには第2幕の覚え書きも書かれており、それによると夢子は花村に殺されることになっていた。深海にこのことを話すと、深海はこれは脅迫だといった。

深海病院から戻りがてら、百田が蟹江に鶴公のアパートを指差し、鶴公の供述をとったことを話す。それによると、倫子は踏切の方へ歩いて行った。二人は「ルリ」で飲みながら推理を進める。そして、その夜深海医師が死んだことを知らされる。蟹江と百田が走っていると踏切近くで不気味な回転音を耳にした。その時、蟹江は死体が空中を飛行したからくりに思い至った。

はたしてその音というのはなにか、そして倫子を殺した犯人は誰か、深海はなぜ死んだか……？

これまでにないトリックを配した本格物の鉄道ミステリーである。

第6節　終電車を描いた坪田宏と夜汽車を描いた土屋隆夫の鉄道ミステリー

自殺か他殺か……無罪を信じる息子の心情が探偵を動かした

坪田宏《つぼたひろし》（明治41年―昭和29年）の本名は米倉一夫という。名古屋商業学校を卒業した数年後に朝鮮（現在の韓国）に渡り、鉄工所を経営したという変わった経歴を持つ。引き揚げた後は広島の呉に居を定めて文筆活動に入り、昭和24（1949）年に『茶色の上着』でデビューした。46歳で没したこともあって残した作品はそんなに多くない。

『下り終電車』（昭和25年）

M電鉄副社長の甲斐祐之介の家に鹿沢敬七が訪ねてきた。甲斐は半年前に運輸課長から副社長に抜擢された男である。鹿沢は鹿沢自動車部品商会を経営していたが、逮捕状が出て3週間ほど前から行方をくらましていた。甲斐は58歳、鹿沢は53歳である。鹿沢はすっかりやつれていた。

二人の酒を酌み交わしながらの会話が一区切りついたところで、鹿沢は甲斐に「揉み消しはどうなんだ」と迫る。甲斐はそれをのらりくらりと躱《かわ》す。二人の間になにか政治がらみの曰くがあることがわかる。赤木前運輸大臣が保釈になったと甲斐がいうと、鹿沢はそんなことはわかっていると答えた。鹿沢の酒量が増えてきた頃、5万円送るよう頼んだのになぜ送らなかったと詰問すると、甲斐は都合でできなかったと言い訳する。鹿沢が自首して赤木にM電鉄から賄賂が贈られたことをぶちまけるといった。二人の間にこうしたやりとりがあって、鹿沢の息子一郎と甲斐の娘陽子のことに話題が移る。陽子はM電鉄で甲斐の秘書をしており、一郎と陽子は恋愛関係にある。鹿沢はその夜、甲斐の家に泊まった。

翌日、10時に迎えの車が来ると、甲斐は鹿沢に張り込みにあうといけないから乗って行け、自分は電車で行くといった。出しなに甲斐は忘れ物をしたといって座敷に戻る。

その夜、甲斐は桜ヶ丘駅で下車して帰宅した。甲斐の家は徒歩5分ほどの高台、M電鉄が別荘地として売り出した土地の一角にある。はる江夫人が、陽子がついさっき一郎に送ってもらって帰宅したと告げる。これに対して甲斐は、一郎の父はお尋ね者だからあまり近づけるなという。

翌朝、桜川保線区に勤める早川忠造が駅の東方2㎞地点で首が轢断された死体を発見した。死体にはなぜか短刀が刺さっていた。鹿沢敬七だった。他殺のようだが、自殺かとも思われた。

夕方、捜査本部が置かれた桜ヶ丘派出所に甲斐が出頭、これまでの経緯を話した。警察では鹿沢が赤木前運輸大臣に50万円という大金を贈ったことをつかんでいた。翌日から警察の捜査が始まった。まず甲斐が疑われたが、甲斐には不動のアリバイがあった。

一方、鹿沢の息子一郎が先輩で探偵の古田三吉を訪ねた。そして、父から4、5日中に片をつけて1週間もすれば帰るという電話を受けたこと、父の声に翳りはなかったこと、一郎と陽子が秋に結婚することなどを話し、力を貸してくれるよう依頼した。

ひと月が流れた。捜査には古田三吉も加わっていたが、この事件には大池駅と桜ヶ丘駅の中間にある古い車庫が関係しているようだと話し、その理由を詳しく説明した。

古田の尽力で、ほどなく事件は解決した。やはり鹿沢は殺されていた。真犯人は逮捕された。事件が一段落して、一郎と陽子は互いの愛を確かめ合った。

身の上話をしたばかりに列車から突き落とされた男

次は**土屋隆夫**《つちやたかお》（大正6年—平成23年）の出番である。土屋は中央大学を出た後、化粧品会社、映画配給会社に勤め、戦後郷里の中学校の教員になった。江戸川乱歩を読んで推理作家を志し、昭和24（1949）年に書いた『**「罪深き死」の構図**』が『宝石』の百万円懸賞コンクールで短編部門1等に選ばれてデビューした。昭和34年には直木賞の候補にもなったが受賞を逃した。そして、その4年後の昭和38年、『**影の告発**』が第16回日本推理作家協会賞を受賞して推理小説家としての地歩を固めた。

『夜行列車』(昭和26年)

小雨の中、気だるい空気を乗せて夜行列車が走っている。と、窓の外を1時間近くも眺めていた30歳くらいの女が曇った窓ガラスに「死」と書いた。これを見て2駅ほど前から乗り込んできた50がらみのちょび髭を生やした男がウイスキーを舐めながら、命を粗末にする奴が出てきたものだとその女の隣に坐った青年に話しかける。男が青年にどちらまでと聞くと福島と答えた。自分は仙台まで行くという。ここから男の一人語りが始まった。男は女と青年が連れ合いだと勘違いしたことを詫びてから仙台には見合いで行くこと、妻とは1年前に別れたこと、妻は自殺したことなどを話して、青年の関心を惹きつけた。男の話は続く。男は18歳で満洲に飛び出した大陸浪人で、一時はしこたま儲けて大きな料亭まで構えたという。そして、敗戦で無一物で戻って2年目に、マーケットで開いていた飲み屋にお座敷女中募集の広告を見たといって未亡人がやってきて一緒になったこと、その女性には弟が一人いて、女は大会社の秘書をしていると嘘をつき、学校を出るまではといってお金を送っていることなどを明かした。女は男にまとまった金がほしいという。男が拒否すると、2、3日後に金庫から3万円が消えてしまった。男が女を引っぱたいたら女は真っ赤な血を吐いて倒れ、翌朝首を吊って死んだ。

この話を聞いて、青年が思わずうめいた。男の話はこれで終わったが、青年の隣に坐っている女の口元にはなぜか微笑みが浮かんでいる。

やがて男と青年はウイスキーを酌み交わす。と、男が気分が悪いといいだし、青年は乗降口で冷たい風にあたりましょうといって二人で出て行ったが、青年一人しか戻らず、スーツケースを取り上げるとまた出て行った。2つ目の駅から入れ替わるようにして長身の青年が乗り込んで、二人がいなくなった席に坐った。しばらくして、車掌が50年配の男が墜死したことを知らせ、心当たりはないかと触れ回る。女がそれはここにいた男ではないかという。

新しく坐った青年と女が話し始める。女から話を聞いて、青年がこれは明らかに殺人事件だという。そして、自分の推理を話す。つまり、男とその青年は偶然乗り合わせたのだが、男の話を聞くうち、男の話に出てくる未亡人こそは姉だったのだとわかって男に復讐しようと思い定め、ウイスキーの中に少量の毒薬を入れて男を朦朧とさせ、介抱を装いながら乗降口に連れてゆき、突き落としたのだろうというのだ。続けて青年は、その青年がスーツケースに入っていた洋服に着替え、変装して車内に戻ったのだろうともいった。女はまたも微笑んで、その推理は半分はあたっているが、半分は違っているといって意外なことを話し始めた。
最後の最後にどんでん返しが待ち受けているが、ここからは書くのを控えることにする。

第7節　後年のテレビドラマ『事件記者』を髣髴させる島田一男の短編

S駅の手小荷物扱い所で全裸の美人の死体が発見された！

島田一男は、第1部でも紹介したように昭和21（1946）年に書いた『**殺人演出**』が『宝石』の第1回短編懸賞に入選してデビューを飾った作家である。そして5年後の昭和26年には短編『**社会部記者**』（別題『**午前零時の出獄**』『**遊軍記者**』『**新聞記者**』『**風船魔**』）で第4回探偵作家クラブ賞も受賞した。軽快でスピーディーな話運びを得意とする作家である。ただ、島田一男の鉄道推理小説といえば昭和30年代に発表された「鉄道公安官」シリーズがなんといっても重要なので、ここでは詳細を次章に譲って、昭和26年に発表された『**恐風**』に絞って取り上げることにしよう。

『**恐風**』（**昭和26年**）

郊外電車KK線のS駅で××新聞の地方通信部に勤務する記者の江上と手小荷物係の山根が、折から都心から帰ってきた勤め人で賑わうなか、のんびり話をしている。二人は麻雀仲間で、山

新聞記者出身の島田一男。歯切れのいい文章でストーリーをスピーディーに展開した。平成3（1991）年撮影（写真：読売新聞／アフロ）

根は昨夜1万円もやられたらしい。その山根がつかつかと手小荷物扱所に近づき、粋な防暑服にサングラスをかけた男にそれはあなたの荷物かと声をかけた。ひと悶着あって山根が緑色のトランクを開けたら、女物の衣類の奥から体をエビのように折り曲げた、丸裸の女の死体が出てきた。年齢は27、8から30歳ほどと思われる。痩せ形だが肉づきのいい美人だった。当然、男は逮捕された。この男は常吉という名の売れた掏摸《スリ》だった。しかし、常吉は自分は知らぬといい張った。

トランクの発駅は熱海で、新宿を経由してS駅に届けられたことがわかった。

色めきたった江上が通信部に戻るやすぐに報道本部に電話すると、30分後にはもう社旗を翻した自動車が到着、片桐記者たちが降り立った。

本社からの連絡で、トランクは熱海駅を14時22分に出る列車に積み込まれて16時23分に東京駅に到着、ここから19時1分発の荷物電車で新宿駅に19時24分に着き、さらに20時48分発の列車に積み替えられてS駅には21時17分に着いたものと推測された。

スクープ合戦が始まった。その過程で時に警察と連携したり、時にその先を行ったりしながら江上たちの奮闘が続く。その過程で、大木産業社長で代議士の大木繁勝の名前が浮かび上がる。殺されたのはどうやら大木の妻で高利貸しの美矢子らしい。

容疑者として大木のほか、美矢子から金を借りていた池袋の映画館主古長太郎吉、笹野公彦子爵と妻の外女子らが浮上したがいずれもアリバイがある。片桐や江上、新聞カメラマンの杉浦はトランクが運ばれたと思われる経路を逆にたどったり、奥湯河原の温泉宿に滞在している笹野夫妻を訪ねたりと東奔西走するがなかなか真相に迫れない。

さて、煩瑣になるので梗概を書くのはこれで止すが、最後は意外な展開になって真犯人が逮捕される。見事な推理力を駆使して真犯人を突き止めたのは××新聞の北崎部長だった。

第8節　江戸川乱歩、夢野久作に連なる怪奇小説

若くして生を閉じた少女が汽車を招く……

次に伝奇的な鉄道ミステリーを2編紹介。

まずは**丘美丈二郎**《おかみじょうじろう》（大正7年―平成15年）に登場してもらおう。作品の題名は『**汽車を招く少女**』という。聞くだになにやら背筋がぞくっとしてくるような題名である。内容もまた、どこかおどろおどろしく、しかも妙に艶めかしい。

丘美丈二郎は、戦前の有名な映画俳優岡譲司に似ているといわれていたことからつけたペンネームで、本名を兼弘正厚という。東京帝国大学（現在の東京大学）を卒業した秀才である。戦前は海軍の技術士官を務めたが、戦後は航空自衛隊に入ってテスト・パイロットになった。昭和24（1949）年、『宝石』の百万円懸賞コンクールで短編『**翡翠荘綺談**《かわせみそうきだん》』がC級短編部門で3等入選して注目されたが、本人はSF物が得意で、昭和30年代の東宝映画『地球防衛軍』『宇宙大戦争』『妖星ゴラス』『宇宙大怪獣ドゴラ』などの原作を手がけた。

『汽車を招く少女』（**昭和27年**）

昭和二十X年の秋、「私」は田舎で国鉄の駅員をしている友人増田を訪ねるべく不潔で汚い汽車に乗った。増田は優秀なエンジニアで、その気にさえなればどこにでも行けたろうに、復員早々なぜか旧態依然とした国鉄の、しかも小駅の駅員になった。それが「私」にはよく理解できない。

夕日を浴びて2つの影が山裾を登っていた。一人は「私」、一人は増田である。その先を消え入りそうな姿で一人の少女が歩いていた。道すがら「私」は増田にこの先の二叉を左に折れるとそこには阿佐美の墓があるのだなと訊いた。ふと気がつくと少女が視界から消えていた。「私」が訝って増田に尋ねたところ、増田はなにも見ていないという。「私」はぎょっとした。

天野阿佐美は裕福な家に生まれたが、母に死なれ、父が別の女性と再婚したため、寂しい思いをしながら育った。そして、異母妹の那美をいつも羨んでいた。昭和15年、阿佐美が18の年に胸の病が嵩じたためこの地に転地療養することになった。当時学生だった増田は阿佐美と遠縁の間柄で、二人にはほのかな恋情が萌していた。

阿佐美は人恋しくてたまらなかった。家族を待ちわびて、付添婦に「電報は届いたでしょうか？お父さま増田さま、きっと来てくださいますわね」といって、汽車の響きがするたびに興奮したが、誰にも会えないまま息を引き取った。

その翌晩、M駅の当直員がうとうとしていたらダイヤにない汽車がトンネルの中を驀進してくるのに驚いて注視していると、ホームの端から50mほど離れた踏切で少女の細々とした手がゆらゆらと上下しているのを見た。これが3晩続き、しかも目撃したのはそれぞれ別の駅員だった。これが大きな評判になって、その少女は「汽車を招く少女」と呼ばれるようになったのだ。「私」が先刻見たのもその少女だったのかもしれない。

墓地に着いた「私」と増田は阿佐美の墓に詣でた。

増田は駅からあまり遠くない半漁の農家に住んでいたが、トンネルの信号所に寝泊まりすることが多いと話し、そこに一緒に泊まろうと誘った。「私」はその気になって賛成した。増田は下り最終列車が0時15分に通過すると次は5時25分の上りまでないと教えてくれた。

最終の汽車が通過した後、月が山の端にかかった。その光に岬と入江が照らされ、それは絵のような光景だった。そんななか、増田はここでディケンズそこのけの不思議なことが起こるといった。そして、君の眼でそれを確認してくれとつけ加えた。午前1時半、列車が接近する音が聞こえてきた。すると、信号所から50ｍほど離れた鉄橋の傍に立つ少女が現れて、手をゆらゆらさせているのが目に入った。とかくするうち、列車がトンネルの反対側の入口に入り、その轟音が次第に高くなってきた。列車は5時25分までないのにこれはなんとしたことだ。

と、ふっと少女の姿が見えなくなった。その途端、増田が「ウッ！」と呻いて飛び出した……。

ああ、ここから先はとても書くことができない。夢か幻か、はたまた現実か。結末は控えるが、戦争直後の国鉄が置かれた環境を巧みに織り込んだ1編である。

「私」が沼垂で経験したおぞましい物語

次は角田喜久雄（明治39年―平成6年）の『**沼垂《ぬったり》の女**』である。

角田喜久雄のことは第1部でも触れたが、推理小説家としてより時代作家としての知名度がはるかに高い。だが、角田にはほかにもう一つ、伝奇作家という顔がある。

角田が探偵小説に興味を持つようになったのは、英語の教師からシャーロック・ホームズの話を聞かされてからである。そして、16歳の時『新趣味』に『**毛皮の外套を着た男**』を投稿、続いて大正14（1925）年、懸賞募集に応募した『**罠の罠**』が『キング』に掲載され、翌年には東京高等工芸（現在の千葉大学工学部）在学中に書いた『**発狂**』が第1回サンデー毎日賞大衆文芸賞を受賞した。その後は主に時代小説を手がけるようになったが、『**髑髏銭**《どくろぜに》』で初めて伝奇小説に取り組んだ。以後、探偵小説、時代小説、伝奇小説と3つのジャンルにまたがって活躍した。

『**沼垂の女**』（**昭和29年**）

題名の沼垂というのは新潟県沼垂町（現在は新潟市の一部）のことで、この沼垂を舞台に不気味な話が進行する。

「私」は大の旅行好き、それも一人旅が好きで、戦前はよくあちこち出かけてはその思い出を大切にしてきた。しかし、終戦の年の12月に旅した沼垂だけは例外で、これればかりは江戸川乱歩に誘われても行きたくないとまで思い詰めている。それというのも奇怪な体験をしたからである。

新潟の阿賀野川河口に疎開していた友人から誘いを受けて、「私」は上野駅から上越線経由の汽車に乗った。上野駅にはホームから改札口を通り、地下鉄の出入口にまで続く行列ができていた。「私」は最後尾に並んだが、行列はさらに続き、アメヤ街の果てまで延びていった。

そんななか、「私」は27、8の黒いモンペを穿いたひっつめ髪の女に目をひかれた。その女が地下鉄の入口にもたれて、放心したような目で「私」をじっと見つめていたからだ。間もなく改札が始まり、「私」も女のことは忘れて地下道を走ってなんとか汽車に乗り込み、辛うじて車掌室までたどり着いた。しかし、ほとんど身動きできず腰を曲げて立っていた。「私」は体をあちこちひねったが、この格好を強いられる原因が隣に立つ女にあることに気がついた。なんとその女は「私」を見つめていた女だった。

翌朝、「私」は沼垂で下車した。友人の手紙によると、疎開先はここから2時間歩かなくてはならない。氷雨が降っていたが「私」には雨具の用意がなく、当惑して駅のベンチに腰かけていると、背後に例の女が立っていた。友人宅には行けないと覚悟した「私」が女に宿屋がないかと尋ねると、女はないと答える。そして、雨がやむまで自分の家で休むよう申し出てくれた。

沼垂は、寂しい町だった。ふと宿屋の看板が目に入り、女に聞くと、女はあれはアメリカ軍に徴用されて今はアメリカ人相手の女の宿になっているのだといった。

やっと女の家に着いた。窓もないガレージを改造したような建物だった。狭い土間と3畳ほどの座敷があり、その座敷には切り炬燵が設けられていた。「私」が目を凝らすと、そこには女によく似た老婆がいた。女はただ今ともいわず、「私」を招じ入れてくれた。

「私」が東京にはどんな用で行ったのか尋ねると、女は主人の遺骨のことで刑務所に行ってきたと答えた。夫は戦犯で、先月絞首刑になったのだという。なんでも、フィリピンでスパイの嫌疑で捕まえたアメリカ人の女を拷問したうえで殺害したらしい。そして、絞首刑になった者は遺骨をもらえない、おまけに自分も憲兵に取調べを受けたとも付け加えた。

「私」が友人に電話しようと、電話がどこにあるか訊いたら肉屋にあるといい、母親にかけてくるよう促した。母親はぶつぶついいながら出ていった。すると女は、夫が絞首刑になって10日目に、自分を調べたMP（憲兵）にこの部屋で強姦されたことを虚ろな目で話した。母親が帰ってきて、電話が通じなかったと悪態をついた。

雨が小降りになって「私」が立ち上がると、女はこの先の道を真っ直ぐ行って、石地蔵のあるところを左に曲がると××村に行きつくと教えてくれた。

「私」が外に出ると老婆が近づいて、娘を信用してはだめだ、あの女は嘘つきだ、石地蔵のところを左に行くと海に突き当たってしまう、右に曲がれと忠告してくれた。

「私」は老婆の教えどおり右折したが、ついに迷ってしまった。来合わせた農夫に尋ねたところ、実際は真っ直ぐ行くべきだったといい、ついでだからと村の入口まで送ってくれたのだった。

ようやく友人の家に着いたら、友人は炬燵に火を入れて、お酒も用意して待っていてくれた。そして、沼垂の宿で一休みして、そこから電話をくれたら迎えに行ったのにといった。「私」がこれまでの経緯を話したことはいうまでもない。

聞き終えた友人は、妻と会話しながら女と母親にまつわる不可思議な噂話を始めるのだった。それは女の話とはまるで異なるものだった。

前半、戦後の国鉄の混乱を極めた様子が生々しく描かれていて、このおぞましい物語の効果を一層高める役割を果たしているとともに、占領軍のＭＰまで登場して当時の日本の実情を浮き彫りにしている。

第5章

鉄道黄金時代と符節を合わせて発展した鉄道ミステリー

第1節　高度経済成長期に入って鉄道も大きく飛躍

戦後復興を成しとげた国鉄が、昭和31年に九州特急を復活させた。「あさかぜ」と命名された

戦後一番の黄金時代を迎えた国鉄

昭和25（1950）年6月に隣国で勃発した朝鮮戦争の特需を受けたこともあって、急速な復興を果たした日本は、昭和30年代に入ると高度経済成長の道をひた走り始めた。そして、昭和29年末あたりから景気が上向き始め、昭和31（1956）年に入ると日本の歴史始まって以来ということから名づけられた神武景気に突入した。この年7月に発表された「経済白書」は「もはや『戦後』ではない」と宣言した。この後、景気は高原景気、さらに岩戸景気へと歩を進めてゆく。

国鉄も歩調を合わせるようにして輸送力を増強、

列車の速度向上を図るとともに車両の改良・開発を推進、また幹線の電化にも取り組んだ。昭和31年11月19日には東海道本線の全線電化が成り、この日から東京と博多を結ぶ特急「あさかぜ」が誕生した。この「あさかぜ」は最初は客車の個別編成だったが、昭和33（1958）年10月1日から新たに開発された、ブルーに塗装された固定編成の20系に装いを改めた。ブルートレインの誕生である。同じ日、それまで東海道・山陽・九州筋に限られていた特急が初めて他線にも進出、「はつかり」が颯爽と東北路を走り始めた。続いて11月1日には東京～神戸間に151系による特急「こだま」が2往復誕生、この間を7時間20分で疾走することになる。国鉄初の電車特急であり、その速さからビジネス特急と呼ばれることになった。

昭和34年になると、4月10日の皇太子（現在の天皇）と美智子さん（同皇后）のご成婚に沸き、20日には東海道新幹線が起工した。昭和35年の12月10日には東北特急「はつかり」が特急専用のキハ81系気動車に置き換わる。外観が151系によく似ており、その気動車版である。

一方、戦時中に抑圧されていた国民の移動がそれまでは暮らしに則したものからレジャーへと変質してスキーブームを誘発、また旅行熱も高まりを見せてきた。昭和30年7月にはそれを誘発するべく、国鉄が通用期間が長くて汎用性の高い「北海道周遊券」という割引切符を売り出した。北海道全線に乗り放題、しかも格安ということで若者を中心に人気が出て、気をよくした国鉄はこの後、「九州均一周遊券」「四国均一周遊券」と、その種類を増やしていった。

昭和30年代も後半に入ると、国民の移動はますます盛んになる。国鉄の輸送力も増大した。そして、国鉄は昭和36（1961）年10月1日、大がかりな時刻改正を行った。これまでのダイヤをすべて白紙に戻し、全面的に改定するといういわゆる白紙大改正であった。この改正の最大の特色は特急・急行が全国の幹線に拡大したことにあった。特急は18本から52本に、急行は126本から226本に増えた。鉄道による旅行がより速い、より快適なものになった。

そして、昭和30年代が最末期に入るとさらなる画期が待っていた。昭和39（1964）年10月1日、東京オリンピックに9日先駆けて東海道新幹線（東京〜新大阪間）が開業したのである。途中名古屋と京都だけに停車する「ひかり」が14往復、各駅に停車する「こだま」が12往復設定され、「ひかり」は4時間、「こだま」は5時間で2都間を走破した。鉄道が世界で初めて最高時速200kmというスピードを獲得した瞬間であった。鉄道は新たな時代に突入した。また、東京オリンピックの成功は、日本が国際社会に復帰したことを強くアピールするものとなった。

昭和30年代の鉄道ミステリーを牽引した三羽烏

改めて振り返ってみると、国鉄が戦後初の黄金時代を迎えたのとあたかも符節を合わせるように鉄道ミステリーの歩みもまた黄金時代を迎えたということがいえそうである。果たしてそれが偶然なのか、鉄道が飛躍したから鉄道ミステリーがそれに触発されたのか、そのあたりの因果関係はよくわからないが、ともかく鉄道ミステリーも豊饒の時を迎え、謳歌していたように思う。

となると、それを牽引した作家は誰だろう。松本清張だろうか、鮎川哲也だろうか、それとも島田一男だろうか。読者はそれぞれに含むところがあるかと思うが、私個人としては優劣つけがたいと考えている。一ついえることは、この3人がまぎれもなく昭和30年代の鉄道ミステリー界を殷賑《いんしん》に導いた三羽烏だったということである。

松本清張は昭和32（1957）年2月から翌年1月にかけて雑誌『旅』に『点と線』を連載して一躍脚光を浴び、鮎川哲也はその前年の昭和31年7月に力作長編『黒いトランク』を発表して鉄道ミステリーの巨匠としての道を歩み始めた。島田一男が「鉄道公安官」シリーズの第1作『鉄道公安官』を世に問うてブレークしたのは昭和34年10月のことである。しかも、この3人はこれだけに留まらず、以後も次々に鉄道ミステリーを発表して喝采を浴びた。

本章ではこの3人を軸にして、昭和30年代の鉄道ミステリーを俯瞰してみたいと思う。

第2節　時刻表を駆使したミステリーを次々に発表した鮎川哲也

鬼貫警部、時刻表を駆使してアリバイを崩す

発表の古い順に、まずは鮎川哲也から出発しよう。

鮎川哲也（大正8年—平成14年）が昭和24（1949）年の第1回『宝石』賞で本名の中川透名で『ペトロフ事件』が長編部門の1等に選ばれたことは第1部第2章で触れた。

鮎川哲也の肖像。昭和37（1962）年撮影（写真：読売新聞／アフロ）

鮎川哲也がなかなか素性を明かさず、常に煙幕を張っていたのは有名な話だが、おそらくこれは計算のうちで、自身をよりミステリアスに見せるための演出だったのだろう。

素顔は、小学校3年の時に父の仕事の関係で満州に渡り、一度は東京の学校に入ったもののその後数回日本と満州を行き来して、戦中の昭和19（1944）年に帰国した。そして、東京の家が空

襲で焼失したために九州に疎開して終戦を迎えた。戦後再び上京して文筆活動を開始したが、『ペトロフ事件』を書き上げるまで那珂川透、薔薇小路棘麿、青井久利、中河通、宇田川蘭子など、いくつものペンネームを使い分けていた。

なお、鮎川哲也は優れた鉄道ミステリーを遺した作家だが、鮎川哲也にはもう一つ顔がある。それは鉄道ミステリーの短編・中編を収集してアンソロジーを編んだ選者としての顔である。その選集がなかったなら、あるいは私も本書の筆を起こさなかったかもしれない。それからもう一つ、新人を発掘する目的で設けられた「鮎川哲也賞」にもその名を残していることをつけ加えなくてはならない。平成2（1990）年に始まったこの賞は今なお連綿と続いている。

『碑文谷《ひもんや》事件』（昭和30年）

鮎川哲也は処女作の『ペトロフ事件』で、探偵役として鬼貫警部を創始したが、以後一貫してこの鬼貫が登場する。ただし、『ペトロフ事件』では中国の大連市沙河口警察の警部であり、この『碑文谷事件』以降は警視庁の警部になる。天才肌の探偵ではなく、どちらかというとクロフツのフレンチ警部（彼もまたロンドン警視庁の警部だった）に近い、こつこつと足で情報を集めるタイプの探偵である。鬼貫は鉄道ファンではないが、鉄道についての造詣は深く、その知識と時刻表を駆使して熟考を重ねる姿には鬼気迫るものがある。

『碑文谷事件』も例外ではない。この作品は倒叙物で、犯人山下一郎が自信を持って構築したアリバイを鬼貫が次々に破って事件を解決する。

事件は3月24日深夜、ロシア音楽の研究者として知られる山下一郎（41歳）、美貌のソプラノ歌手小夜子（23歳）夫妻が住む東京・碑文谷の自宅で起きた。山下一郎は九州に旅行中だった。

小夜子の同期生で、二流のアルト歌手の竹島ユリが山下一郎の留守中に、小夜子に招かれて泊まっていたが喉の渇きを覚えて台所に行った。台所は裏口から延びる廊下の右手にあり、左には食堂がある。そして、台所の壁には配膳窓が設けられていた。ユリがガスレンジの横の鏡で髪の乱れを直していると、裏口の扉が開き、閉められる音がした。ユリが息を殺していると侵入者は配膳窓の前を通り、2階に上がっていった。

小夜子が短剣で心臓を一突きにされ、そのうえ首を絞められて死んでいるのを発見したユリの通報で碑文谷警察と本庁の鬼貫警部がパトロールカーで駆けつけた。鬼貫はユリから侵入者が抱えていた赤い折鞄にRNというイニシャルが書かれていたことを訊き出した。

九州から戻る途中、彦根駅で買った新聞で小夜子が殺されたことを知った山下一郎は経路を変更して大急ぎで大阪に戻り、飛行機で帰宅した。そして鬼貫の聴取に、そのイニシャルなら前に小夜子を恐喝したことのある中田六助ではないかと答えたが、六助は昼間に起こした恐喝事件で袋叩きにあって入院中で、事件とは無関係と知れた。

警察はRNのイニシャルを持つ関係者18人を調べたが、この中に不審者はいない。次いでユリが疑われた。ユリがでっち上げた作り話ではないかというのである。鬼貫はユリに目撃した状況をスケッチしてもらって、RNというのは鏡に映った文字で実際はロシア文字のИЯであり、これは取りも直さず山下一郎のイニシャルであることが判明した。俄然山下が捜査線上に浮上した。

しかし、山下には旅行中というアリバイがあった。山下は3月24日は門司で市中見物をした後下関に渡り、先帝祭の行事を見物した後門司に戻り、22時45分発の準急で帰途に就いたとメモした懐中日記を開き、さらにその折撮影した写真を見せた。ここから鬼貫のアリバイ崩しが始まった。山下は、日付が変わって列車が山口県の島田駅付近を走行中に即興で詠んだという「高しまだ崩れて今日はいわた帯」という川柳も日記に書きつけていた。「しまだ」は島田駅、「いわた」は隣の岩田駅を織り込んだというのである。しかもこれを隣席の客に披露したと証言した。

アリバイは盤石であった。しかし鬼貫は屈することなく、隣に坐っていたという男・大池を宿泊していた不忍池畔の宿や秋田県の自宅を訪ねたりしながら辛抱強く捜査を進めてついに全貌を把握した。

『黒いトランク』（昭和31年）

初めてペンネームの鮎川哲也名で書いた長編の第2作にあたるのがこの作品である。講談社の『書下ろし長編探偵小説全集　第13巻』に応募して当選した。この時編集者からペンネームを訊かれたが、咄嗟の思いつきで鮎川哲也にしたという。

このミステリーの時代設定は昭和24（1949）年12月から翌年1月にかけてである。ということは発表された7年前のことである。じつは、『黒いトランク』はすでにこの頃に書かれていたのである。そして、上京して中島河太郎、渡辺剣次といった評論家や作家に見てもらったのだが、それはトリックが気になったからであった。幸い、結果はまだ誰もこのトリックは使っていないことがわかったが、以後ずっと手元で眠っていたのである。原稿用紙にして800枚に上る大作だったという。それを鮎川は規定枚数の550枚に縮小して改作、全く登場していなかった女性を書き加えて応募したのである。なお、これを強く推したのは江戸川乱歩だったという。

そういうわけで、我々もまた時間を昭和24年にまで引き戻さなくてはならない。

この年の12月10日、汐留貨物駅で黒い衣装トランクから男の腐乱死体が見つかった。宛先は日本橋の毛塚太左衛門、差出人は赤松市の近松千鶴夫になっている。中身は古美術品になっていた。警察が駆けつけてくる。なんでもこのトランクは到着して3日目になるのに取りに来ないという。送り出した駅は九州の筑豊本線、始発の赤松駅に近い札島駅ということがわかった。12月4日に発送したこともわかった。札島《ふだじま》駅の駅員は近松があのトランクをリヤカーで引いて来たことをよく覚えていた。その時近松は一時預けにしたい、2日ほどしたら小口貨物で送りたいといった。近松は赤松市外の札島鳰生田《におた》に住んでいた。警察ではこの男を麻薬の密売人と睨んでいた。所轄署の梅田警部補が近松宅を訪ねると、近松は不在で夫人が出て応対したが、木で鼻をくったような素っ気ない話しぶりだった。

やがてトランク詰めの死体は、同じ福岡県の柳河町に住む馬場蛮太郎（38歳）と判明した。11月28日に家を出たがその後足取りが途絶えていた。同じ頃近松宅に行っていた刑事が別府にいると妻宛てに書かれたはがきを持ってきた。梅田警部補のもとには各地から情報が集まってきたが、まだそれらは焦点を結ばない。そのうち、事件は意外な展開を見せた。犯人と思われた近松が兵庫県の別府港に遺留品を残して消えた後、岡山県の下津井港の沖で死体で発見されたのである。

死因は馬場を殺したことを悔いる覚悟の自殺と思われた。

ここで警視庁の鬼貫警部が登場する。彼は札島駅に降り立ち、近松の妻の由美子の出迎えを受けた。なんと、鬼貫も馬場も近松も大学時代の仲間だったのだ。由美子は彼に捜査を依頼した。

このトランク、そっくりのトランクがもう一つあって、これが東京と福岡県の間を行ったり来たりして鬼貫を攪乱する。鬼貫はXトランク、Zトランクと名づけてそのかかわりを調べる。このZトランクは同じ同窓生で画家の膳所《ぜぜ》善造がかつて鬼貫の親友だった蟻川愛吉から買ったものだと知れた。調べを進めるうち、近松には共犯者がいて、鬼貫はその男をX氏と名づけた。

興趣を殺ぐことになるのでここから先は書くのを控えるが、後半には犯人が割れて、鬼貫はそのアリバイ崩しに精魂を傾ける。この間、犯人が構築した完璧なアリバイ作りに何本もの列車が登場して鬼貫は順列組合せよろしくその緻密なダイヤグラムを読み解いてゆく。

なお、冒頭に女を新たに挿入したことを述べたが、由美子はかつて鬼貫と近松がともに思いを寄せた女で、近松の手管にかかって由美子が近松を選んだという設定で登場する。失恋した鬼貫は心に傷を負って未だに独身である。

『黒い白鳥』（昭和34年）

青森行き783貨物列車が夜の11時10分頃下十条を通過したところでトラックと衝突、機関士が重傷を負ったため、夜中の2時過ぎに姥島機関士が叩き起こされて運転することになった。列車が久喜駅に差しかかった時、姥島は線路際に人が倒れているのを発見した。客車列車から転落したものと思われた。死んでいたのは東和紡績社長の西ノ幡豪輔だった。その後、白石駅で客車の屋根に血痕が付着しているのが発見された。その日の早朝、上野から鶯谷に向かう線路沿いの道を犬を連れて歩いていた青年が、両大師橋にかかっている黒い歩道に赤黒い血痕を発見した。

また、国立博物館の前に車が乗り捨ててあり、後に西ノ幡豪輔のものと判明した。

東和紡績は労働組合と揉めており、ストが打たれていた。西ノ幡社長は委員長の恋ガ窪義雄、副委員長の鳴海秀作と対峙していた。その理由の一つは西ノ幡が新興宗教の沙満教の信者で組員に熱心に勧誘していたことが挙げられた。ところが切り崩しにあって6500人もの信者が沙満教を脱退する可能性が高まり、これに危機感を募らせた沙満教が大量脱退は西ノ幡社長の教主に対する裏切りにあたるとみなすと通告してきた。どうやら西ノ幡はこの教団に殺されたらしい。秘書がその犯人は知多半平だといった。しかし、決め手は得られないまま知多は殺害された。

警察の懸命の捜査にもかかわらず、進展を見せないまま推移する。この間に何人もの人が捜査線上に浮かんでは消えていった。

物語の後半、鬼貫警部と丹那刑事が登場する。目下、手すきだということで駆り出されたのだった。例によって鬼貫の微に入り細にわたる執拗な調査が開始された。その過程で京都で女の死体が発見されて鬼貫は事件にかかわりがあるとみて急行「出雲」で京都に行って街なかを調べたり、さらに足を延ばして大阪の天王寺に赴いたり、果ては急行「雲仙」で九州に入って香椎《かしい》線に乗り換えて西戸崎《さいとざき》、香椎駅に戻って香椎の旅館を調べた挙げ句、帰りにまた大阪に寄ったりと慌ただしい旅程をこなして東京に戻った。

こうした地道な捜査の結果、犯人像が浮かび上がり、ここから鬼貫のアリバイ崩しが始まり、次第に事件の相貌が見えてくるのだが、この先は読んでのお楽しみということで……。

＊　＊　＊

さて、鮎川哲也の鉄道ミステリーについて予定していた紙幅を超えてしまった。以下に、作品の一部を示してこの節を終わりたい。

『一時一〇分』（昭和31年）
『見えない機関車』（昭和33年）
『早春に死す』（昭和33年）
『急行出雲』（昭和35年）
『不完全犯罪』（昭和35年）
『下り〝はつかり〟』（昭和37年）
『無人踏切』（昭和37年）
『汚点』（昭和39年）
『宛先不明』（昭和40年）
『準急〝ながら〟』（昭和41年）

第3節　社会派ミステリーの先駆者になった松本清張

ミステリーの地平を切り拓いた3編の鉄道ミステリー

松本清張（明治42年―平成4年）は、福岡県板櫃《いたびつ》村（現在の北九州市小倉北区）に生を享け、15歳で川北電気企業小倉出張所の給仕になったのを皮切りにパンや餅を売り歩いたり、印刷所の見習いになったり、朝日新聞九州支社の意匠係の嘱託になったり（のち社員になる）と、30歳を過ぎても職が定まらなかった。そして昭和19（1944）年、35歳で二等兵として応召、朝鮮（現在の韓国）で衛生兵などを務めた後、戦後は朝日新聞に復職、図案を手がけ、40歳で意匠係の主任に昇進した。波乱に富んだ前半生を送ったが、ただ、この間文学に寄せる情熱はずっと持ち続けていた。

松本清張の肖像。昭和60（1985）年撮影（写真：Kodansha／アフロ）

松本清張が世に出るきっかけになったのは、

昭和25（1950）年12月、『週刊朝日』の「百万人の小説」に応募して『**西郷札**《さいごうさつ》』が3等に入選したことからだった。この『西郷札』が翌年の直木賞の候補になり、木々高太郎らの激励を受けたことから思い切って上京、昭和28（1953）年1月、『或る「小倉日記」伝』で再び直木賞候補になり、これが芥川賞に回付されて同賞を受賞した。これで松本清張の名は広く知られるようになったが、この時清張は44歳、遅い作家デビューだった。

清張が朝日新聞東京本社意匠係主任を辞して作家として独り立ちしたのは昭和31（1956）年5月のこと、そして翌年2月、『顔』で日本探偵作家クラブ賞を受賞した。これで推理作家としての地歩を固めた清張が次に手がけたのが清張人気を不動のものにした『点と線』であった。

『点と線』（昭和33年）

『点と線』は日本交通公社の月刊誌『旅』の求めに応じて、昭和32（1957）年2月号から翌年1月号まで連載された後単行本にまとめられた。清張に執筆を依頼した編集者は、後に紀行作家になる岡田喜秋である。編集長は戸塚文子だったが、彼女はすでに紀行作家として名を成していた。清張はもともと推理小説を書く気はなく、また連載を手がけたこともなかったが、岡田のなにか旅にかかわる作品をとの注文に応じて引き受けた。結果的に岡田のこの一言が後に大きな福音をもたらすことになった。というのは、すでに鮎川哲也や島田一男らによって鉄道路線や列車を舞台にした作品が書かれていたが、これによっていわゆるトラベル・ミステリーの発展が約束されたからである。

前置きはこのくらいにして、『点と線』に移ろう。この作品は、オースティン・フリーマン、フリーマン・ウィルズ・クロフツが得意にしたいわゆる倒叙物である。

昭和32年1月21日早朝、福岡県の香椎の海岸で若い男女の死体が発見された。二人は並んで横たわっており、傍らには青酸カリの入ったオレンジジュースの瓶が転がっていた。男は××省の課長補佐佐山憲一、女は東京・赤坂の割烹「小雪」の女中のお時だった。

状況からみて心中と思われたが、これに福岡警察署の鳥飼重太郎という、なんとも風采の上がらない初老の刑事が、これは心中を装った殺人ではないかと疑念を抱いた。二人は香椎駅で降り立ったところを駅前の果物屋に目撃されていたが、鳥飼はそれ以上の収穫を得られなかった。

これより1週間前の14日夕刻、二人は東京駅の15番線から博多行き特急「あさかぜ」に乗り込むところを、13番線にいた「小雪」の同僚八重子ととみ子に目撃されていた。八重子ととみ子は、鎌倉に帰るところだった馴染み客の安田辰郎に指摘されて二人を目撃したことに初めて気がついたのである。

この頃、警視庁捜査二課が××省の汚職事件の捜査を進めていた。疑惑の人物として佐山もりストに上っていたことから、若手の警部補三原紀一が福岡に赴くことになった。

福岡署で対面を果たすと三原は鳥飼にそれまでの捜査状況を訊いた。鳥飼は、「あさかぜ」に二人で乗ったのに食堂車の伝票は「御一人さま」になっていること、その日付が14日になっていることを聞きだし、二人で現場に向かった。そして戻りしなに佐山が一人で博多の丹波屋という旅館に投宿していたことを話した。どうやらお時は「あさかぜ」を途中で降りたらしい。

東京に戻った三原は東京駅の13番線に行った。それから助役に会い、ダイヤを調べてもらったところ、助役は「あさかぜ」が17時49分から18時30分まで停車していること、この間14番線に次々に電車が入るため、「あさかぜ」はなかなか見えないこと、そして助役も驚いたことに13番線から15番線が見通せるのは1日4分しかないことを発見した。ここに至って俄然安田辰郎が疑惑の人物として浮上した。早速安田を尋問したところ、佐山とお時が死体で発見された頃、自分は北海道に行っていたと主張、ちゃんと青函連絡船の乗船名簿にも筆跡を残していた。福岡と北海道では正反対である。三原は完璧に叩きのめされた。

しかし彼は諦めなかった。疲れがたまっていたが、時刻表と睨めっこで一歩一歩安田のアリバイを崩してゆく。安田は、その妻で自宅で病臥していた亮子を共犯者にして犯行を犯していた。

この小説は倒叙物なので、犯人を提示してしまったが、なんといっても三原警部補が安田の鉄壁のアリバイをどう崩すかに醍醐味が凝縮されているので、ぜひ作品そのものに接してほしい。

『ゼロの焦点』（昭和34年）

推理小説といえば必ずといっていいほど探偵が登場する。そして、その探偵が私立探偵であれ素人探偵であれ、あるいは警察官であれ、また天才型であれコツコツ型であれ、推理を重ねて解決に導くというのが通常のパターンである。事実、『点と線』もそうだった。

ところが『ゼロの焦点』には探偵が登場しない。強いて挙げれば、主人公の板根禎子がそうだろうか。禎子はごく普通の女性である。そういう意味では異色のミステリーといえよう。

36歳になる鵜原憲一と26歳の板根禎子は11月半ばに結婚、新婚旅行で甲州から信州を巡って帰宅した。禎子は北陸に行きたいといったが、これはなぜか憲一に反対された。二人は間に立ってくれる人がいて結婚したのだが、じつは禎子は憲一のことをよく知らなかった。

10日後、金沢に出張する夫を上野駅で見送った。憲一は広告代理店の金沢にある出張所に勤めていたがこのほど本店に転勤になり、その事務引き継ぎのために金沢に行ったのである。しかし、1週間で戻るといっていた憲一は戻らなかった。心配になった禎子は青山に憲一の義兄の鵜原宗太郎夫婦を訪ねた。しかし、宗太郎はなぜか楽観していた。帰宅したら、憲一から事務引き継ぎのため後任の本多とあちこち回っている、12日には帰れると思うといったことが書かれた葉書が届いていた。しかし、その日になっても憲一は戻らなかった。禎子は会社に電話で問い合わせたが、その日の夕方、横田課長が訪ねてきて、憲一の後任の本多の話では金沢を11日の晩には発っているはずだがと話した。結局横田の采配で、禎子は憲一の同じ課の青木と同道して金沢に行くことになった。禎子のスーツケースの底にはアパートに置かれた憲一の本から出てきた二枚の家の写真が入っていた。一枚は立派な家で、一枚は農家と思われる貧弱な家である。

本多と禎子の足取り捜索が始まった。警察、憲一の下宿、金沢駅と回ったがなんの成果も得られない。翌日、また本多と一緒に憲一が贔屓にしてもらっていた室田耐火煉瓦という会社に行き、社長の室田儀作に問い合わせた。次いで室田家を訪ねて夫人の佐知子にも会ったが、佐知子もなにも知らなかった。佐知子は後妻で、室田とは歳が離れていたが、今では土地の名流婦人に納まっていた。禎子は写真の一枚が室田家だということに気がついた。

謎はますます深まった。警察からの連絡で能登半島の高浜分署で変死体を検分、それが憲一ではなかったことを確認した後、禎子は虚しく帰宅した。

この後、禎子は憲一が終戦時、東京・立川で巡査をしていたことを知る。彼は風紀係だった。立川といえば米軍基地である。ここには米兵相手の娼婦が屯《たむろ》していた。憲一の失踪はどうやらこの時代と深いかかわりがあるらしい。

その後、金沢に姿を現した憲一の兄の宗太郎が白山山麓の宿で、次いで本多が東京のとあるアパートで殺されたり、室田耐火煉瓦で受付をしていた田沼久子が会社を辞めて自殺したりと、事態は目まぐるしく推移する。田沼久子はかつて立川で街娼をしており、憲一とは旧知の仲だった。

結局、この物語は犯人はおそらくこの人だろうと推定させながら未解決のままに終わる。このあたりが警察官でもない、私立探偵でもない禎子の限界だったのである。

終戦直後の暗い時代を北陸の冬の重苦しい風土に滲ませた社会派ミステリーの傑作である。

『砂の器』（昭和36年）

この作品も、発表された当時の華やかな風俗に戦後の暗かった時代の世相が巧みに重ね合わせられている。

5月11日の夜、東京・蒲田の国鉄操車場で男の惨殺死体が発見された。扼殺されたうえ、顔が滅茶苦茶に破壊されていて身元がわからない。

それより少し前、この男とおぼしき背広姿の男とスポーツシャツを着た若い男が近くのバーで話し込んでいるところをホステスやバーテンダーに目撃されていた。この時若い男は「カメダは今も相変わらずでしょうね？」と相手に話しかけていた。これに対して相手は「いんや、相変わらず……。だが、君に会えて……こんな嬉スいことはない……大いに吹聴する……みんなどんなに……」と東北訛りで応えた。

蒲田署に捜査本部が置かれて大がかりな捜査が始まった。これに警視庁本庁から派遣された初老の今西栄太郎刑事も加わっていた。

被害者は54、5歳で労働者風、それも日雇い人夫らしいと見当をつけて捜索したが身元は割れない。唯一の手がかりともいうべき「カメダ」と東北訛りから東北に住む亀田姓の人を調べてもらったが該当者はいなかった。今西が「カメダ」は地名ではないかと思って、地図で調べたら、羽後亀田という駅が見つかった。羽越本線で秋田から5つ手前にある駅である。きっとこのあたりが亀田という地名に違いない。早速現地の岩城署に当たってもらったところ、該当するような人物はいない、ただ、1週間ほど前に32、3歳の労働者風の男が不審な動きをしているのを何人もの土地の人に目撃されていたということだけがわかった。主任の命で今西は現地に飛ぶことになった。吉村弘という蒲田署の若い刑事が同行することになった。

二人は、その夜上野から秋田行き急行「羽黒」に乗った。上越線回りの列車である。しかし、現地ではなんの手がかりも得られなかった。二人は虚しく帰京することになり、羽後亀田駅に行ったら、四人の若者が新聞記者たちに取り巻かれているところだった。彼らは今売り出し中のヌーボー・グループのメンバーで、作曲家の和賀英良、劇作家の武辺豊一郎、評論家の関川重雄、画家の片沢睦郎であった。この地にあるT大のロケット研究所を見学しての帰りである。

事件から1か月後、未解決のまま捜査本部が解散することになり、任意捜査に移った。今西は本庁に戻ったが単独で捜査を続けることにして、吉村に協力を依頼した。

こうして、今西と吉村の地道な捜査が始まった。この間に和賀英良、関川重雄といった気鋭の青年たちの日常が描かれる。和賀英良は政治家田所重喜の愛娘で前衛彫刻家の佐知子と婚約しており、前衛音楽の作曲に勤しんでいた。辛辣な批評で知られる関川重雄は銀座のバーのホステス恵美子と情を通じており、今ではいささか持て余し気味だった。

事件から2カ月が過ぎた頃、ようやく被害者の身元が判明した。岡山県江見町の雑貨屋三木彰吉が訪ねてきて、その義理の父三木謙一だとわかった。そして、彰吉の口から義父が気ままな旅に出ていて行く先々から絵はがきを送ってくれたが、伊勢市を最後に途切れたことが話された。さらに、謙一が出雲地方でかつて巡査をしていたこと、東北とはなんの縁もないことなども明らかになった。ここに至って「カメダ」は木次《きすき》線の亀嵩《かめだけ》駅のある一帯だったのだとわかった。今西はなんらかの手がかりを得ようと、出雲三成《みなり》、亀嵩、はては伊勢市にまで赴いたが要領を得ない。しかし、今西は諦めない。どんな些細なことでもいいからと推理に推理を重ねてゆく。

なにしろ大長編だからこの調子で物語をなぞっていたらきりがないのでこのあたりで中断する。

最後に事件は解決するのだが、犯人の華やかな現在と比べて誰にも知られたくない暗い過去があったことが浮き彫りにされて思わず粛然とさせられる。

第4節　鉄道公安官を世に出した島田一男

八面六臂の活躍を見せる鉄道公安官海堂次郎

島田一男（明治40年―平成8年）の前身は新聞記者だった。作家専業になるまでの経歴については すでに紹介したから、ここでは重複を避ける。その作風は、いかにも新聞記者上がりらしく軽快でスピーディなものだった。その島田が昭和30年代に入って発表したのが一連の「鉄道公安官」シリーズだということも述べた。このシリーズは超人気を博し、国鉄が民営化された後は鉄道公安官の後身の「鉄道警察隊」シリーズへと移行したが、**『走る走査線』『特急捜査網』『新宿発殺人特急』**の長編3冊が書かれたところで作者が死亡したので終焉した。

『鉄道公安官』に入る前に、それより先に書かれた異色の短編を取り上げよう。

『機関車は偽らず』（**昭和30年**）

「私」は上野駅の近くで診療所を開いている医者である。あまり流行っていないが、せめて表だけでも装いを新たにしようとペンキを塗っていた。そこへ、女子医大2年生の陽子が顔を出して朗らかに話しかけてきた。「私」は機関車が好きで、ペンキの色もその動輪に合わせた色を調合していた。陽子はその色のことを話題にしたが、「私」は梯子の上から陽子を見て不審に思い、「率直に言うがね、4カ月ぐらいかね？」と尋ねた。

陽子は浜松の出身で、薬屋の娘だと話し、急に弱気になり、「私」にどうすればいいかと相談してきた。陽子は流したいといったが、「私」は母親になるべきだと助言した。これに対して陽子は相手をちっとも愛していないともいった。そこへ交番の政田巡査が顔を出した。

診療所の裏に同じ大学に通う3人の物理学生が自炊生活を送っていた。彼らは、互いに月水、火金、木土と呼び合っていた。これは七曜に因んでおり、3人は学校でそれぞれの曜日に残る二人の代返をしていたのである。このうちの二人は陽子と同じ浜松の出身で、陽子の先輩である。木土は群馬県の桐生《きりゅう》の機屋の息子で、後からここに割り込んできた。3人はともに陽子を愛していた。妊娠させたのはこのうちの一人だろう。その陽子が踏切から上野寄り200mの地点の線路端で飛び込み自殺した。政田巡査の通報で、「私」も現場に駆け付けたが、陽子が機関車に轢かれた形跡は認められなかった。どうやら陽子は殺されたらしい。「私」は月水、火金、木土の一人を犯人だと推測して問い詰めた。その手口はじつに巧妙なものだった……。

『鉄道公安官』（昭和34年）

「鉄道公安官」シリーズの記念すべき第1作がその名も同名の『鉄道公安官』である。『**ループ・トンネル**』『**タブレット区間**』が同時に『別冊クイーン・マガジン』に掲載され、翌年一冊にまとめられた。いずれも中編小説である。

鉄道公安官は、正しくは鉄道公安職員といい、国鉄マンである。国鉄の用地内において警察官の役割を果たすのだが、島田一男は第3作『タブレット区間』でその職務について「われわれ鉄道公安官は、逮捕権と尋問権を与えられている。しかし、留置権は持っていない。この公安室には、柔剣道、逮捕術、拳銃訓練の道場もあれば、透視鏡をはめこんだ尋問室もある。が……留置場だけはなかった。」と説明する。つまり、容疑者を逮捕しえても留置することができないのである。それからもう一つ、公安官には制約がある。それは犯罪捜査はすべて国鉄用地内に限られており、だから被疑者を逮捕し尋問したらただちに警察に引き渡さなくてはならない。

さてそこで、『鉄道公安官』だが、この作品は東京公安室の公安官海堂次郎班長こと「私」が掏摸の警備のために夜行列車に乗り込んでいたところから始まる。小田原駅を過ぎた時、2等寝台のボーイが客の一人がいなくなったことを告げる。その客はボーイに品川駅で降りる、横浜駅近くで起こしてくれと頼んでいた。席まで行ったら、客の荷物はそのまま席に残されていた。江木車掌が車内放送で呼び掛けたが、本人は姿を現さない。遺留品から、客は東都工業大学助教授大久保秋郎（42歳）と判明した。列車は東京駅に到着したが、結局大久保は見つからなかった。「私」が公安室に戻ると、捜査主任の加藤から質問を投げかけられた。遺留品を調べたら、真新しい1万円札が13枚と小銭が残されていた。紙入れには薄手の半紙に印刷した書類もあった。それはG組織に関する一切の研究結果を1500万円で三洋石油に譲渡するというものだった。それからもう一つ、夫人かつ子と安積英彦の行動を詳しく調査した武田私立探偵事務所の報告書も見つかった。その報告書は尾行調査の結果この二人が密会した様子はないと伝えていた。

ここから「私」の精力的な捜査活動が始まる。まず大久保の自宅を神宮外苑近くに訪ねると、娘のいずみから夫人のかつ子が消息不明になっていることを聞かされたり、四谷にある武田私立探偵事務所を調べたり、八重洲口にある三洋石油東京支社に赴いたり、再び四谷にある安積ダンス教室に行き、安積英彦は旅行中ということを知らされ、その足跡を推測したりと忙しい時間を過ごす。無論、時刻表を開いて推理することも忘れない。

とかくするうち、かつ子と安積が修善寺の旅館で殺害された。「私」は直ちに現場に出向いたが、ここでまた伊豆長岡の古奈温泉で変死体が発見された。死んだのは武田私立探偵事務所の所員の田中だった。その後「私」は京都にも足を延ばし、三洋石油の社長、常務らと大久保が会見したという祇園の玉廼家も訪ねる。そして、捜査の甲斐あって「私」は少しずつ真相に迫る。大久保は結局水死体で発見された。どうやら急行「出雲」に乗っていたのは大久保の替え玉だったようだ。そして、この犯罪には急行「高千穂」などいくつかの列車がアリバイ作りに利用されていた。

＊　＊　＊

海堂次郎は3作までは一人称の「私」として登場するが以後は三人称になる。「鉄道公安官」シリーズ、つまり「海堂次郎」シリーズは昭和40年代、50年代と国鉄が終焉するまで延々と書き継がれ、膨大な作品群を形成している。後ほど登場する西村京太郎の「十津川警部」シリーズには及ばないものの、これほど長続きしたシリーズも珍しいだろう。

最後になったが、海堂次郎のキャラクターに少し触れておこう。海堂はもともと国鉄本社の広報課に勤務していたが、自ら志願して試験を受け、首尾よく合格して東京公安室に転籍した。第1作では前の年に妻を亡くし、目下独身ということになっている。口の利き方はぞんざいでぶっきらぼう、美形ではないがなぜか女にもて、時には容疑者とベッドをともにすることも辞さない太っ腹な男である。そんな男だから、東京公安室の守備範囲を平気で飛び越え、場合によっては警察の領域まで侵して、必要とあらば全国各地に足を延ばすこともいとわない。それでいて、誰からも憎まれない愛すべき男である。

第6章　日本の鉄道ミステリーを支える国鉄の定刻運転

第1節　激動する国際社会で苦闘する日本

国鉄が「陸の王者」の座に終止符を打った時代

昭和39（1964）年10月24日、東京オリンピックが盛況裡に閉幕、日本は国際社会に復帰したことを世界にアピールした。しかし、昭和が40年代のとば口、昭和40（1965）年に入るとその反動で日本は不況に陥った。そんななか、米軍が2月7日、北ベトナムを爆撃、その後底なしの泥沼に陥るベトナム戦争が始まる。3月、山陽特殊製鋼が倒産、5月には山一證券が証券不況の煽りで苦境に陥った。昭和40年代は日本にとっても国際社会にとっても波乱の幕開けとなった。

一方で、名神高速道路が昭和40年7月1日に全通した。高速道路はこの後、東名高速道路が漸進しながら昭和44（1969）年5月26日に全通、東京と京阪神が1本の高速道路で結ばれることになった。東海道新幹線を、いや鉄道そのものを脅かす新たな交通網の誕生であった。しかし、東海道新幹線も負けてはいない。運転本数を増やすとともに、昭和40年11月1日には、所期の計画どおり「ひかり」が3時間10分、「こだま」が4時間運転になった。これに先駆けて9月24日には全国152駅と交通公社の支店に発券業務の迅速化を図る「みどりの窓口」も開設された。にもかかわらず、昭和39年度に国鉄は300億円という財政赤字に陥った。以後、国鉄の赤字は年々肥大化してゆき、ついには解体に至るのだが、それはもう少し先の昭和50年代に入ってのことである。

皮肉にも鉄道100年という記念すべき節目に凋落の度を早めた国鉄

昭和40年代を象徴する出来事を一つ挙げるとすれば、それは「人類の進歩と調和」を謳った日本万国博覧会（万博）が45年3月15日、大阪・千里丘陵で開幕したことだろう。この万博には9月13日までの半年間に約6422万人が押しかけたが、国鉄はこの間に東海道新幹線だけで約1000万人もの人を輸送してその輸送力を見せつけた。しかし、その一方で国鉄の財政赤字は累積し、大きな改革を迫られていた。その一つの試みとして国鉄は「ディスカバー・ジャパン」というこれまでにない斬新なイメージ・キャンペーンを10月1日からスタートさせた。仕掛けが大がかりだったこと、「美しい日本と私」という副題が国民の旅情を掻き立てたことでこのキャンペーンは一定の成果を収めたが、といって国鉄の財政を好転させるまでには至らなかった。

そんな状況のなか、山陽新幹線が昭和47（1972）年3月15日、新大阪〜岡山間で暫定開業した後、10月14日、国鉄は鉄道100年という節目を迎えた。国鉄はこれを記念して京都の梅小路機関区跡地に梅小路蒸気機関車館を10月10日に開設、ここに全国から集結させた16形式17両の蒸気機関車を動態または静態で保存・展示することになった。蒸気機関車は昭和30年代に鉄道輸送の主役の座を降りて以来、急速に淘汰されていたが、これを惜しむ声が澎湃《ほうはい》として起こり、この頃には蒸気機関車ブームが頂点を迎えようとしていた。

昭和40年代の日本は否応なく国際社会のメカニズムに組み込まれて激しい変動を繰り返したが、そのなかにあって国鉄は依然赤字から脱却できず、瀕死の状態で喘いでいたのである。

鉄道ミステリーも、こうした鉄道模様を映した作品が多くなるのも必然のことだった。

第2節　本格推理小説に新たな道筋をつけた森村誠一

時刻表を盾に不動のアリバイが刑事の前に立ちはだかる!

これまでに、折に触れて推理小説、ミステリーには社会情勢が濃厚に反映されるといったことを述べてきた。ミステリーが、たとえフィクションだとしても、社会現象と無縁のものではないということを物語っている。

昭和40年代、そのことを最も強く体現したのは森村誠一（昭和8年—）であろう。昭和30年代に松本清張が確立した「社会派」の看板を引き継いだような作品を矢継ぎ早に発表してミステリー作家としての地位を固めていった。

森村誠一は、埼玉県熊谷市の高校を卒業して一度会社勤めをした後、青山学院大学文学部英米文学科に入り、25歳で卒業後、妻の縁故で新大阪ホテルに就職し、その後東京のホテルニューオータニに転職した。たまたまこのホテルが文藝春秋社に近かったことから、ここを定宿にしていた作家の阿川弘之、梶山季之、黒岩重吾、笹沢左保らを見知って刺激を受けた。

こうして仕事の合間に書き上げたミステリー『高層の死角』が昭和44（1969）年、江戸川乱歩賞を受賞、ミステリー作家としてデビューした。受賞後最初に書いたのが短編の『**浜名湖東方15キロの地点**』（昭和45年）である。これが鉄道ミステリーの第1作である。次いで森村は今度は長編で『**新幹線殺人事件**』（昭和45年）を世に問うた。折しもこの年3月から10月までの半年間開催されて日本中を熱狂の渦に巻き込んだ大阪万博に材を採った力作で、これはなんと60万部という大ベストセラーになった。森村誠一はこれで押しも押されもせぬ存在になったのである。

なお、森村誠一はこの後、昭和48年に日本推理作家協会賞を受賞した。

『浜名湖東方15キロの地点』（昭和45年）

昭和30年半ばに高校生以上だった人なら、岸信介内閣がアメリカ政府と交わした新安全保障条約をめぐって全学連との間で繰り広げられた「60年安保闘争」のことを記憶しておられるに違いない。アメリカ大統領アイゼンハワーが訪日するのに先駆けて報道官のハガチーがその日程を協議しようと来日、これを阻止しようと6月10日に全学連が羽田空港に押し寄せ、15日にはこれに右翼や暴力団が加担して国会議事堂前で大規模なデモが行われた。そして、この混乱のさなかに東大生の樺美智子さんが圧死した。これは日本中に大きな衝撃波として伝わった。『浜名湖東方15キロの地点』は、時代設定は70年安保に置き換えられているが、おそらくこの闘争をベースに書かれたものと思われる。70年安保闘争もまた政府と学生らが激しくぶつかり合った熾烈な闘いだった。

物語に入ろう。

朝田申六は、東京の二流大学の学生で、生きることに目標を見いだせない自堕落な生活を送っていた。代々信州の大地主という家柄に生まれたので生活にはなに一つ苦労がなかったが、その出自が彼の心に倦怠をもたらしていた。もちろん、吹き荒れていた学園紛争にはなんの関心もない、典型的なノンポリだった。

超大国A国のブライアント首相が日本との間で結ばれている日A安全保障条約を固定化するた

め来日することになり、その準備のために第一秘書のナイトンが9月10日に羽田空港に到着した。入国を阻止しようと左翼や全学連が大規模なデモ隊を組織して羽田に繰り出した。

朝田には同じ大学に通う山辺洋子というガールフレンドがいた。洋子は全学連の闘士だった。その夜朝田と洋子は一夜を共にしたが、その洋子が内ゲバでS大のキャンパスで惨殺された。

朝田の心に火がついた。洋子の追悼と復讐のためにナイトンを殺そうと計画したのである。ナイトンは新幹線で大阪に向かうことになっており、その新幹線を爆破しようと朝田はまず下見をするべくグリーン車の7号車に乗って新大阪に向かった。東京駅や新大阪駅は警戒が厳重だろうと判断してナイトンが乗るであろうグリーン車の7号車に狙いを定めたのだ。しかし、この計画は瓦解した。ナイトンが東京駅10時15分発の一般乗客を乗せない特別列車で西下することになったからである。

そこで朝田は計画を変更してその特別列車とすれ違う上りの「ひかり22号」に目覚まし時計を使った爆破装置を仕掛けることにした。そして、両列車がすれ違う場所を浜名湖の東方15キロの地点と計算、この瞬間に爆破するようセットして、自分は名古屋駅で降りるという計画である。

車中、朝田は隣に坐る田舎くさい老人に話しかけられて閉口したが、ともかくも時限装置の入ったボストンバッグを置いて名古屋で下車、名古屋一の超高層ホテルの展望台でテレビのニュースを見守ることにしてエレベーターに乗った。そこまでは上々の首尾だった。が……。

『新幹線殺人事件』（**昭和45年**）

「ひかり66号」が新橋付近を走行、間もなく東京駅に到着しようという矢先、グリーン車で黒い背広に黒いシャツという出で立ちの男が刺殺されているのが見つかった。「ひかり66号」は到着後すぐにそのままの状態で東京運転所に回送され、ここに警視庁捜査一課の大川刑事ら7人が駆けつけて捜査が始まった。被害者の身元は所持していた名刺から大阪に本社を置く新星プロダクションの事務局長山口友彦（34歳）とわかった。出血の具合から、刺殺されてからまだそんなに時間は経っていない。しかし、グリーン車が空いていたため目撃情報はほとんど得られない。

高輪署に捜査本部が置かれて石原警部が陣頭指揮にあたることになった。

新星プロ、通称星プロは東京のキク・プロダクションこと、キクプロと双璧を成す芸能プロダクションで、目下大阪で開かれる日本万国博覧会のポピュラー部門を担当するプロデューサーの候補としてどろどろした闘いを展開していた。星プロの社長は緑川明美、キクプロは美村紀久子というといずれも才媛である。

じつは、企画争いでは山口を擁する星プロが優位に立っていたが、その山口がこともあろうにキクプロに寝返ったのである。その恨みを買って殺されたというのが大川らの見立てであった。

「ひかり66号」は名古屋を出ると東京まで直行する。犯人が東京駅に到着する直前に山口を刺したのは、発見を遅らせるためと自らの逃げ場を確保するためであろうと推測された。

まず緑川明美が聴取されたが、彼女は「だからあの女に近づかないようにと言ったのに」と囁いた。そして、その女とはキクプロの美村紀久子だといい添えた。紀久子には、社長になるまでに自らの野望を達成するために遮二無二邁進してきた複雑な過去があった。彼女は冬本信一という、名伯楽を得てキクプロを設立、その美貌と類まれな才能でキクプロを大きく育て上げたのだった。一方、緑川明美は美貌というより愛らしさと親しみやすさを湛えた美人で、それを武器に今日の星プロを成長させてきた。それを支えていたのが殺された山口である。

この後、物語は大勢の有名無名タレントを抱える大手プロとテレビ局との力関係、そのせめぎ合いの中で利用されるだけ利用された後、弊履《へいり》のように捨てられる才能のないタレントたちの悲喜劇といった芸能界の華やかな一面とその裏に蠢く暗黒の部分が生々しく描かれながら進む。

捜査は着々と進んでいた。大川・下田両刑事が冬本信一の足取りを調べたところ、冬本もたまたま後続の「こだま166号」に乗っていたことがわかった。彼にはビュフェ車からかけた2通の通話記録が残されていたが、これがアリバイになって捜査員の前に聳え立っていた。しかし、その冬本は足元を掬われて失脚、ナンバー2の風見東吾に取って代わられる。ただ、捜査本部では冬本の疑惑は揺るがないと見てアリバイ崩しに躍起になっていた。そして、最近冬本に重用されて売り出してきた、緑川明美とも関係を持ったタレントの星村俊弥を調べたりするうち、同じ星プロのタレント赤羽三郎が紀尾井町《きおい》のマンションで殺された。どうやら赤羽は事件の鍵になるようななにかを知っていたらしい。麹町署に捜査本部が設置されたが、捜査は捗らない。

しかし、高輪と麹町の両捜査本部が相互に情報を交換しながら、こつこつと捜査を進めた結果、まず赤羽殺しの犯人が逮捕され、山口殺しはその犯人の替え玉がやったことが判明した。

大団円は、3月14日、万博が華々しく開幕した陰で、落ち目になったキクプロの様子が描かれ、そんなキクプロのすべてを捨てた美村紀久子が殺された冬本の遺骨を抱いて北辺を旅する場面で終わる。

万博という日本の国力を誇示する極彩色のイベントを背景に、その薄暗い裏面を鮮烈に炙り出すとともに、世界に冠たる東海道新幹線を舞台に借りた森村誠一渾身の一作である。

『駅』（昭和62年）

森村誠一が創始した探偵に警視庁新宿西警察署に勤務する牛尾正直という初老の刑事がいる。「牛尾刑事」シリーズの第1作として書かれたのがこの『駅』である。このシリーズは、テレビでは「終着駅」シリーズとして平成2（1990）年から30回にわたって放映され、人気を博した。

この作品の後書きで、作者は駅、それも田舎の駅ではなく大都会の巨大な駅に強く惹かれるようなことを書いている。具体的には新宿駅である。森村誠一は、サラリーマン時代、郊外から赤坂までここ新宿駅を経由して通勤していた。「牛尾刑事」シリーズで牛尾刑事の所属を新宿西警察に設定したのにはこの経験が大きく影響している。

牛尾刑事は、「駅は〝人生〟を扱うために設けられたところ」だと感じている。「それほど駅には多種多様な人間が去来集散する。未知の遠方への旅立ち、希望に胸を脹らませた到着、さまざまな出会いと別れ、成功と挫折、人間の喜怒哀楽のドラマが駅で交錯し、織り成される」というのが牛尾が大都会の駅に寄せる感懐である。

さて、物語に入ろう。

昭和五十X年6月下旬頃の午前8時半頃の新宿駅。ラッシュのさなか、ここだけはラッシュとは無縁の3番線ホームから、高堂利春と中森良子が東京を去るべく9時発「あずさ5号」で旅立った。その1時間25分後、「あずさ4号」が到着、箱守寅吉と若い娘が降り立ち、挨拶を交わして別れた。二人はたまたま隣り合った席に座っていたのである。娘は岩佐夕子といった。その夕子が中央通路を歩いていて数袋のずだ袋を提げてよたよた歩いていた老婆に突き当たりそうになった。見かねた夕子が手伝おうとしたが断られ、その少し後、3人の少年が親切ごかしに老婆に近づいてあっという間にずだ袋をひったくって人込みの中に消えた。

またその頃、東口の広場では男女が抱擁し合う「キスマラソン」というイベントが行われていた。これを見ていた大門勝明が連れの女性に「(このキスマラソンに)おまえ出ろ」と強く言って自らはその場を離れた。

その頃、牛尾刑事は東口の地下街で発生した傷害事件の取り調べをしていた。

これらの人物が後にそれぞれ関わりあって殺人事件が起きるのだが、それは2年後の3月13日深夜のことである。日雇いに身を落とした箱守寅吉が大久保の公園で岩佐夕子と出会った。彼女は近くのデートクラブに勤めていた。夕子もまた日陰の女になっていた。その箱守寅吉が3人組に襲われて殺された。この3人は老婆から荷物を奪った少年たちである。彼らはすぐに連行されたが、罪の意識などまるでなく、あっさりと自供した。ただ、彼らは被害者と面識はなく、警察にもまだ身元はわからない。

牛尾が現場を訪れた時、そこに花束が供えられているのを見つけた。その花を供えたのは岩佐夕子だった。彼女は牛尾に箱守寅吉との出会いと再会のことを話した。

牛尾が久しぶりに家族と夕食をしていて、一人息子で大学4年の慎一に旅行先を尋ねた。慎一は信州に行くといった。慎一は旅行好きでアルバイトでお金を貯めては全国を旅行していた。しかし、その慎一は帰宅予定日になっても帰ってこなかった。牛尾の妻の澄枝は寝込んでしまった。

1年後、岩佐夕子が新宿のラブホテルで殺された。牛尾の身辺は公私ともに慌ただしくなった。ほどなく慎一が重石をつけられて信州の清水高原の湖に沈んでいるのが発見された。また、箱守寅吉を殺した3人も伊豆の城ヶ崎海岸、新宿駅5番線、山中湖でそれぞれ不審な死を遂げた。

一見なんのかかわりもないと思われた殺人事件はこの後、松本署、伊東署、新宿署、富士吉田署がそれぞれに協力しあいながら捜査を進めた結果、次第に捜査網が狭められてゆき、ようやく犯人に収斂されていった。

ふとした出会いがきっかけで運命が変わるという、人間の業と性が描かれていて、波がひたひたと押し寄せるように読む人の胸を浸す。

*　　　*　　　*

森村誠一の領域は広い。全著作に占める鉄道ミステリーとなると、むしろ少ないほうだといっていいだろう。とはいえ、作品数は長短編合わせて十指を優に超えている。森村誠一が鉄道ファンであるかどうかは私の知るところではないが、鉄道についての造詣も深い。しかも、そのほとんどが地名・駅名は実名、列車の時刻表も実際のものだから、それだけ現実感、臨場感も強い。以下にその一部を挙げておく。

『剥がされた仮面』（昭和45年）
『通勤快速殺人事件』（昭和46年）
『歪んだ空白』（昭和47年）
『銀河鉄道殺人事件』（昭和60年）
『終列車』（昭和63年）
『終着駅』（平成元年）
『夜行列車』（平成4年）

第3節　旅にアクションの味つけが施された斎藤栄のミステリー

スピーディな筋運びの中に張り巡らされた巧妙な事件設定

森村誠一と同じ年に生まれた推理作家に斎藤栄（昭和8年—）がいる。おまけにこの二人、1月生まれというところまで共通している。森村が2日、斎藤が14日である。

森村、斎藤の二人は作家専業になる前に、サラリーマンだった点でも共通している。森村はホテルマン、斎藤は地方公務員だった。

昭和62年(1987)年頃の斎藤栄
(写真:読売新聞/アフロ)

斎藤栄の歩んだ道をたどってみよう。斎藤は東京に生まれたが、戦時中鎌倉に疎開したという経験を持つ。そして、東京大学法学部を出た後横浜市に奉職した。すでに少年の頃から推理小説に関心を持ち、習作を書いていたが、高校時代に同窓で作家、元東京都知事石原慎太郎らと文芸同人誌を発行したりしていよいよ推理小説への傾斜を深めてゆき、昭和29(1954)年に制定されたばかりの江戸川乱歩賞を目指すようになった。そして、何度か候補に選ばれた後『王将に児あり』(後**『殺人の棋譜』**に改題)で同賞を受賞したのは昭和41(1966)年、33歳の時のことである。斎藤はその後も公務員生活を続けたが、昭和47年に退職、専業作家としての道を歩み始めた。

斎藤栄の作品は本格推理物が多いが、同じ本格派の森村誠一の作風がどちらかというと重々しいのに対して、斎藤の作風はどちらかというと軽快、時に全国を舞台にしたトラベル物が多い。森村とも、ひと時代早い鮎川哲也、松本清張、また島田一男とも異なる独特の旅情をたたえている。

『四国周遊殺人事件』（昭和47年）

この後の**『九州周遊殺人事件』**（昭和47年）、**『関西周遊殺人事件』**（昭和48年）と続く「周遊殺人事件」シリーズの第1作。主人公の由利桂介と佐々木みさ子が新婚旅行で四国を周遊したことがアリバイに重要なかかわりを持つ一つの伏線として設定されているが、物語の主舞台は横浜港の山下埠頭である。

8月20日、昨夜水揚げされたばかりの野積みになった中南米産のバナナの中から中年の男の死体が発見された。輸入されたばかりのバナナはまだ真っ青な状態で、それが埠頭でビニールを被せられて青酸ガスで燻蒸されてから出荷される。そのバナナの山の中から死体が出てきたのだ。死体の頸部には灰色のコードが巻き付いていた。死後2、3時間と推定された。早速、管轄の水上警察署から捜査第一課の神田警部補らが駆けつけてきた。

殺されたのはバナナを運搬するトラックの運転手高山彦三、沿岸の荷役作業を請け負う佐々木作業という会社の従業員だった。水上署に捜査本部が置かれた。

コードは電気カミソリのそれとわかり、これに付属していた器具から右手親指の指紋が検出された。その指紋は同じ佐々木作業に勤務する由利桂介のものとわかった。由利には傷害事件を起こした前科があり、警視庁に照会した結果、登録されていた前科指紋と合致したのである。

すぐに由利が調べられた。しかし、由利には妻のみさ子とともに四国へ新婚旅行に出ていたという確固としたアリバイがあった。

とかくするうち、日本青果物協会横浜支部長西村藤吉が8月16日頃から行方不明になっていることがわかった。4年前に交通事故で妻と子を失ってからかたくなになったという男である。その西村が佐々木作業のバラックで惨殺された姿で発見された。すでに死臭を放っていた。

捜査本部は色めきたち、高山殺しと西村殺しとの関連を調べた。そして、どうやら高山が西村を恐喝していたようだと推測した。しかし、一方で由利桂介の疑惑もまだ晴れない。

しかし、由利にはどちらも身に覚えのないことだった。第一、四国を周っていたというれっきとしたアリバイがある。神田警部補は由利がアリバイ作りに飛行機を利用したのではと考えて時刻表でその可能性を検討したりした。神田警部補がまだ自分を疑っていることを聞かされた由利は、ついに自らも行動を起こすことにした。そして新横浜から「こだま119号」に乗ろうと横浜駅西口まで行ったところで中央市場内で地回りをしている男に呼び止められ、バーに誘い込まれてそこで殴られて気を失ってしまった。

由利には壽桐子《ことぶききりこ》という知り合いの女性がいた。彼女は掏摸で、電車の中で由利の財布を抜き取ろうとして由利につかまえられたものの逃がしてもらったという過去があった。この桐子が監禁された場所から由利を救ってくれた。そして、二人は連れ立って四国へと旅立った。この頃、神田警部補は神戸バナナ輸入協会の会長をしている服部武にも目星をつけていた。もしかしたら、西村は神戸で殺されたのではないかという推測である。それというのも、バナナの輸入を巡って横浜と神戸は激しい主導権争いを続けていたからである。しかし、服部にもアリバイがあった。

四国に渡った由利と桐子は新婚旅行の足取りをたどった。そして、新婚旅行中車内で出会った女子高生がアリバイを証明してくれるはずだと信じてこの娘を探した。安西寿子というその娘は高知で見つかった。由利が彼女に一緒に上京してくれるよう頼んだら、寿子は簡単に承知してくれた。しかし、約束した時間になっても彼女は駅に来なかった。

由利はここに至って神田警部補を軸にする警察と一緒に捜査を進めることにした。もうこの頃には警察でも由利が完全にシロであることを確認していた。由利はそうした状況をみさ子に話したうえで、新聞広告で犯人に呼びかけて山下埠頭で会う約束を取り付けた。こうして次第に捜査網が狭まっていって、由利と神田警部補は雨の中、国家公務員共済組合連合会の横浜集会所の窓から犯人を観察することにした。と、お目当ての犯人が埠頭に現れた。双眼鏡でその姿を追っていた由利は「あ」と絶句した。それは、由利にとって残酷としかいいようのない結末だった……。

横浜のすべてを知り尽くした作者ならではの快心の一作である。

昭和40年代後半は全国各地で蒸気機関車お別れ運転が行われた。写真は両国駅での式典の様子（撮影：筆者）

『死角の時刻表』（昭和47年）

昭和40年代という時代は、国鉄が昭和47（1972）年10月に鉄道開通100周年という記念すべき節目の年を迎えながら、なお苦境に喘いでいた時代だった。その打開策として国鉄はあらゆる手立てを講じたが、その一つに昭和30年代から進めてきた無煙化計画があった。無煙化、つまり煙を吐いて走る蒸気機関車を廃して、より効率のよい電気機関車やディーゼル機関車に早急に置き換えようという計画である。そのために蒸気機関車は日を追うごとに減少の一途をたどり、一つの路線で廃止が決まるとお別れ運転が催されたりした。

『死角の時刻表』はこうした時流を巧みに取り入れた鉄道ミステリーである。発表当時は『**日本列島SL殺人事件**』と題され、後に改められた。

伯備線布原信号場（当時）近くの高梁川の支流を渡るD51形三重連の貨物列車（撮影：筆者）

物語は昭和47年3月12日、倉敷～伯耆《ほうき》大山《だいせん》間を走る伯備線から始まる（列車の発着はそれぞれ岡山～米子・出雲市など）。この日、足立～新見《にいみ》間で「サヨナラD51三重連」が運転されることになっていた。約3000人ものファンが駅や沿線に押し寄せた。もともと伯備線はD51形が3両で貨物列車を牽引することで人気を博しており、ことに新見近くの布原信号場（現在は駅）が撮影のメッカになっていた。

事件はそんなハレの日に、観光名所井倉洞の奥の羅生門の近くで男の死体が発見されたところから始まった。死亡推定時刻は12日の午後1時頃である。所持していた名刺から被害者は岡山市京橋町十番地の桜橋マンションに住む関原進二（30歳）とわかった。彼は少し年上の叔父関原健太郎（35歳）と同居していた。翌日、新見署に捜査本部が置かれ、警察の捜査が始まった。当然嫌疑は健太郎にかかった。関原健太郎は滋賀県の伊香郡西浅井村の辺鄙な土地の大地主だが、少し偏屈なところがあり、先月26日に火事で家が焼けてしまったことなどが判明した。殺された甥の進二は2年ほど前にここに転がり込んできたものらしい。

舞台は、翌日の横浜市に移る。市内の西外れにある貝塚家では大学2年生の雪江と兄の恵介が会話を交わしていた。恵介は来月から社会人になるが、ともに大の鉄道ファンである。二人には高校2年生の充《みつる》という弟があり、この充もまた人後に落ちない鉄道ファンである。その充は伯備線の「サヨナラD51三重連」の撮影に出かけていた。雪江はその充から電話を受けたが「困ったことが起きちゃった」というだけで内容を教えてくれなかったと恵介に告げた。そこへ中井次郎と名乗る男が訪ねてきた。中井は撮影地で充のカメラを取り違えてしまったので充の動向を知りたくて訪ねたという。一刻も早くカメラを交換したい、中に大事なフィルムが入っているからというのだった。雪江は充のメモ書きを見つけて、充が東北一帯を周るつもりらしいと恵介と中井に話す。中井は充が野辺地から入る馬門温泉に泊まるだろうと見当をつけた。

2日後、中井から馬門温泉に行きたいから恵介も同行してほしいとの電話を受けて了承した。

一方、新見署では懸命の捜査を続けたが、手がかりはほとんどつかめない。

中井と恵介は上野発8時5分の特急「はつかり」で東北に向かった。そして、夕方馬門温泉のホテルに着いたが、宿では同行者の北川は着いたが、充はまだだといった。北川は旅先で出会ったファンで行動を共にすることになったが、秋田駅で乗り換える際、充を見失ったと話した。

これを聞いた中井は急に慌てだし、恵介に連絡先を告げて立ち去った。その後、恵介と北川は秋田に向かった。しかし、秋田駅では有力な情報を得られず、警察を訪ねる。そして、たった今若い男の死体が神社の裏で発見されたといい、二人を現場に案内した。その死体は充だった！

さて、この作品はここまでが第1部「殺意の交点」で以後第2部「アリバイ曲線」になる。

この第2部は、一転してアリバイ崩しという筋立てになる。羅生門の進二殺しと秋田の充殺しにはなんらかのつながりがあると判断した岡山県警と秋田県警が合同捜査会議を開いて情報を交換、引き続いて捜査を進めることになり、その結果容疑者が特定されて、そのアリバイ崩しに全力が傾けられるのだが、ここから先は書かない方が作者に対する礼儀というものだろう。もちろん、結末には意外な結果が用意されている。

『特急ひばり4号』（昭和52年）

9月2日、小松希美子が夫の吾郎と上野公園に向かって歩いていて急に気分が悪くなった。二人は福島から東京見物に出かけてきたのである。その案内役を買って出たのはもともと東京育ちの希美子である。希美子は病院に駆け込んだが、風邪だといわれて抗生物質を渡された。その頃、夫の吾郎は病院の電話で誰かと話をしていた。「……ミヤコでしょう……。うん……。分かりました……」という夫の声が希美子の耳に入った。夫は福島市内の三光タクシーの運転手である。午前9時40分、二人は病院を出たが、これが希美子が吾郎を見かけた最後の姿になった。

翌日、吾郎の死体が磐越西線の郡山駅から次駅喜久田《きくた》に向かって1㎞ほどの草原で発見された。吾郎はネクタイで首を絞められていた。発見した高校生からの通報で駆けつけた警察では吾郎の所持品の中から2日付のL特急「ひばり4号」の食堂車の領収証が見つかった。金額は二人で1400円になっている。ここで老婆心ながら注釈を加えておくが、今では特急の号数はすべて下りが奇数、上りが偶数になっているが、この時代は上り下りとも発車時間の早い順に番号がつけられていた。ここで「ひばり4号」というのは上野発の下り列車のことである。

この頃、福島県警本部では、日本レジャーランド開発（株）と福島県庁の間の汚職事件を内偵していた。大村尋三郎福島県知事と日本レジャーランド開発の社長綿貫春介は北大時代の学友で、この二人の間で収賄と贈賄が行われているらしい。そして、捜査員は綿貫の息子で副社長の正一に目をつけていた。若くて切れ者の評判が高い男である。

夫の死を知った希美子は死体が夫であることを証言した。事件を担当する県警の木島警部が希美子を聴取したところ、吾郎が「うまい話」と電話で話していたことを話した。しかし、「ミヤコ」

上野駅で発車を待つ下り特急「ひばり」

のことは伏せておいた。折しも、花園部長刑事が小松吾郎が三光タクシーのハイヤー部に所属しており、県知事がなぜか公用車ではなくハイヤーを利用していることを木島警部に報告した。ここに至って木島は、知事と日本レジャーランド開発にまつわる汚職事件についての情報を吾郎がつかみ、どちらかを恐喝していたのではないかと推察するに至った。一方で、希美子はようやく「ミヤコ」が上野にある「宮古旅館」であることを突き止め、再び上京してそこを訪ね、客が吾郎と瓜実顔の美人だったことを訊き出した。そして、希美子はその足で丸の内の日本レジャーランド開発に行ってどうやらその女が副社長の正一の秘書の栗田英子ではないかとの確証を得た。英子はたまたま綿貫正一に同行して大阪に出張中だったが、希美子はこの女が宮古旅館で吾郎と一緒だった女で「ひばり4号」に乗っていたのもこの英子だろうという結論に達した。

福島に戻った希美子は木島警部にこれまでに得た情報をすべて話した。しかし、その夜希美子は急に接近してきた車に危うく撥ねられそうになった。

ここから事件は解決に向かって一直線に進む。小松吾郎を殺したのは綿貫正一だろうか、それとも栗田英子だろうか、最後に犯人の口から真相が明かされる。

＊　　＊　　＊

斎藤栄はもちろん鉄道ミステリーの専業作家ではないが、おそらく鉄道ファンなのだろう、鉄道物が長い時代にわたって書き継がれている。ここに紹介できなかった作品のいくつかの作品名と発表年を掲出しておく。

『九州周遊殺人事件』（昭和47年）
『関西周遊殺人事件』（昭和48年）
『急行列車の秘密』（昭和52年）
『北陸トンネル殺人事件』（昭和54年）
『殺意の時刻表』（昭和55年）
『鉄道マニア殺人事件』（昭和56年）

『東北新幹線殺人旅行』（昭和57年）
『日本国有鉄道殺人旅行』（昭和59年）

第7章

終焉の時を迎えた国鉄と昭和天皇の崩御

第１節　国土を揺るがした戦後最大の疑獄事件と国鉄の民営化

１世紀を牽引した蒸気機関車が国鉄線上から姿を消した

昭和50年代は、幕開け早々に日本列島に激震が走った。昭和51（１９７６）年7月27日、時の首相田中角栄がロッキード事件で逮捕されたのである。一国の首相がアメリカの航空機製造会社ロッキード社から口利き料として5億円を受け取るという、前代未聞、戦後最大の疑獄事件の始まりだった。累は政界、財界に及び、以後長い間にわたって審議が続いた結果、昭和58（１９８３）年10月12日、東京地裁は田中角栄に懲役４年、追徴金5億円の実刑判決を言い渡した。

経済も低迷した。昭和48年に発生したオイルショックで物価が高騰、翌49年にはこのオイルショックに触発されて食料品や日用雑貨の値段が高騰、国民の暮らしを圧迫した。

そんななか、減少を続けてきた蒸気機関車がついに最後の時を迎えた。昭和50（１９７５）年12月14日、室蘭本線室蘭〜岩見沢間で国鉄最後の旅客列車のお別れ運転が行われた。先頭に立ったのはＣ57形１３５号機だった。次いで10日後の12月24日、夕張線夕張〜追分間でＤ51形２４１号機が国鉄最後の貨物列車を牽いて貨物輸送に終止符を打った。そして、留めの時が訪れた。翌

51年3月2日、追分機関区に入れ換え用として残っていた3両の9600形が廃止され、国鉄の営業線上から蒸気機関車がすべて姿を消した。

国鉄がJRに生まれ変わった後、昭和天皇が崩御

国鉄の苦境も未だ尾を引いていた。その打開策として昭和50（1975）年11月20日に特急・急行、グリーン、寝台料金を大幅に値上げしたのを皮切りに、51年11月6日運賃値上げ、53年7月8日運賃・料金値上げ、54年5月20日運賃値上げ、55年4月20日運賃値上げ、56年4年20日運賃値上げ、57年4月20日運賃・料金値上げ、59年4月20日運賃値上げ、60年4月20日運賃値上げ、61年9月10日……と値上げを繰り返した。しかし、これらはすべて焼け石に水だった。この間、労使関係も悪化の一途をたどり、ストが多発していた。

こうした情勢を反映して、国鉄問題はついに政治問題化、分割・民営化が叫ばれるようになった。その旗振り役を務めたのは昭和57年11月27日に発足した中曽根康弘内閣だった。これに先立ち、政府は昭和55年12月27日に、日本国有鉄道経営再建促進特別措置法（国鉄再建法）を成立させ、翌56年11月9日には鈴木善幸内閣の諮問機関として第二次臨時行政調査会（第二次臨調）を設け、ここで国鉄の改革が審議されるようになった。ここから音を立てて国鉄の解体が進むこと

になり、多くの赤字路線が廃止されてゆくなか、昭和62年3月31日国鉄が終焉、翌4月1日、旅客鉄道6社（北海道、東日本、東海、西日本、四国、九州）と日本貨物鉄道の7社から成る株式会社に改組された鉄道会社などが誕生した。

その2年後の昭和64（1989）年1月7日、昭和天皇が崩御、皇太子（現在の天皇陛下）が新たに即位して年号が平成に変わった。

第2節　アニメ作家の草分けでもある辻真先

コミカルなタッチで殺人事件をユーモラスに描く

辻真先（昭和7年―）にはいくつもの顔がある。アニメの脚本家であり、推理作家であり、漫画の原作者であり、随筆家でもある。しかも、それぞれの分野で大車輪の活躍をしているのだから、これには舌を巻くほかかない。

辻真先は名古屋市の生まれで、大学も名古屋大学を卒業した。卒業後はＮＨＫに入り、人気番組の『バス通り裏』や『お笑い三人組』などを担当した。その後、ＮＨＫを退職してからはアニメ番組に傾斜、虫プロで『鉄腕アトム』の脚本を手がけるなど、日本のアニメの草創期から多くのアニメに関わった。

一方で、少年時代にはもう推理小説を書いていたというから、こちらも年季が入っているとともに筋金が入っている。しかし、アニメの受賞歴には輝かしいものがあるのに、こと推理小説に関してはその登竜門ともいうべき江戸川乱歩賞とも無縁だったが、昭和57（1982）年に至って**『アリスの国の殺人』**で日本推理作家協会賞を受賞して推理作家としても売り出した。

辻はまた、熱烈な鉄道ファンであり、その該博な知識を惜しげもなく披歴した鉄道ミステリーをこれまでに多数発表して読者をいろいろな列車に乗せてくれるとともに、日本各地の名所や温泉にいざなってくれる。

八面六臂の活躍という表現がぴったりの作家である。

『ブルートレイン北へ還る』（昭和55年）

はちゃめちゃ、どたばた、荒唐無稽、非現実的、漫画チック、コミカル、ユーモラス、頻出する駄洒落とエスプリ、スピーディな展開……軽妙なタッチで読者を煙に巻きながら、一方で犯人が絶対の自信を持って構築した鉄道を利用してのトリックとアリバイをトラベル・ライターのシンこと瓜生《うりゅう》慎とその内縁の妻で浄知大学生、三ツ江財閥の令嬢三ツ江真由子のコンビが次々に打ち破りながら事件を解決するというのが、この作品の大きな特徴だが、それでいてこと鉄道に関する限り登場する列車や路線はすべて実在、列車の運行ダイヤも当時の時刻表に則していて極めて論理的、いわゆる本格派の鉄道推理物であり、読み終えてストンと腑に落ちる1作である。

新進のトラベル・ライターのシンは、雑誌「鉄路」の前編集長、今は「エレガンス」の編集長をしている堂本からの依頼で、大阪17時15分発青森行きの「日本海1号」をルポすることになった。堂本は青森からさらに足を延ばして根室本線の終着駅根室の1つ手前、日本最東端の駅東根室も探訪して来いとつけ加えた。堂本はさらに「日本海1号」だけでなく後発の「日本海3号」の記事もほしいという。1号は最新型の2段寝台、3号は昔ながらの3段寝台と車両が異なるからである。シンは秋田で乗り換えることにした。

こうしてシンは大阪からまず「日本海1号」の人となった。ここから車中2泊という強行軍の旅が始まる。たまたまこの列車に黒のベレエ帽をかぶった男とその妻とおぼしき二人連れも乗り込んだが、シンはホームで万年筆をいじくっているうちにその男にうっかりインクをかけてしまった。この男は伏見友則という詩人で、夫人の奈々子を連れて次元舎という出版社の「ブルートレイン北へ還る」という企画でこの列車に乗ることになったのだった。若井という編集者が見送りに来ていた。

車内では早くもシンの身に異変が起きた。小柄な男にトイレに連れ出され、真由子を出せと脅されたのである。ここで、少し注釈をしておくが、じつはシンと真由子は前作の**『死体が私を追いかける』**（昭和54年）で福岡の太宰府天満宮でたまたま顔を合わせ、ここでもシンが大騒動に巻き込まれるのだが、その理由は真由子が三ツ江財閥の総帥三ツ江通弘と保守党の自明党に関する重要書類を持ち出して家出したからで、真由子が双方から追われたのをシンが助けてやったのが機縁で親の通弘の許しがないまま同棲することになったのである。当然、真由子はまだ入籍していない。この時は都合6人が殺された。真由子の行くところ死体ありというわけである。

この作品でもシンがトイレで死体を発見、車掌を連れて戻ったらその死体が消えていたり、結局真由子が秋田で合流することになり、上野から「あけぼの3号」に乗ったり、その上野駅で女性がウォークマンを聴きながらホームを歩いていて転落死したり、そしてなぜか『死体が私を追いかける』で三枚目を演じた熊本県警の鬼山警部が休養という名目で乗り込んでいたり、秋田駅のトイレで真由子によく似た女性が殺されたり、青森から乗り込んだ青函連絡船21便で伏見の双子の弟だと名乗った、伏見にそっくりの佐久間伴之が津軽海峡に飛び込んで自殺したりと、矢継ぎ早に事件が連続して舞台は根室駅に移る。ここでシンは大阪から乗り合わせた元私大医学部の万年助教授だった坂西弥太郎・とめ子老夫妻、家出してきた羽島俊という小学5年生、伏見友則・奈々子夫妻、ダイナマイトを携えて乗り込んでいた後藤正吉、真由子らを前に灰白色の脳細胞を絞りながら長広舌を揮《ふる》って真相を話し、徐々に犯人を追い詰めてゆく。

三流大学の出身でさしてイケメンでもない瓜生慎と、大財閥の一人娘でお嬢さん大学の学生の三ツ江真由子の組み合わせが絶妙で、この二人の掛け合い漫才のような会話で物語はぽんぽん進む。どこかアガサ・クリスティが創始した素人探偵のトミーとタペンス夫妻を思わせるところもあるが、こちらはどちらもいい家柄の出自、対してシンは貧しいアパート暮らし、真由子との境涯の落差は甚だしいのに真由子はそんなことちっとも気にしないという設定が面白い。

『ローカル線に紅い血が散る』（昭和57年）

シンと真由子シリーズの第3弾。

二人はアパートでつましく暮らしている。真由子はまだ入籍しないまま浄知大学に通っているが学費の滞納を恐れている。シンは相変わらず雑誌「鉄路」を足場に全国を旅してはルポを書きまくっているが、シンの収入だけではやっていけないので、真由子は目下アルバイト先を探しているところだ。真由子が親の通弘と冷戦状態にあり、むろん親からの援助は当てにできない。

今回の舞台は、加濃北線である。真由子が浄知大学で知り合った祖父江毬子の故郷、石川県石川郡白山村大字鳥見字森ガ城という在である。毬子の家はこの地きっての旧家で大地主なのである。その毬子に誘われて真由子はここに出かけることになった。シンが一緒に旅行しようと約束していながら、急に「鉄路」の取材に出ることになったのでその腹いせのつもりである。

二人は東京駅から23時25分発の大垣鈍行に乗り、名古屋で急行「おくみの」に乗り換えて岐阜、美濃太田を経由してここから加濃南線で美濃白鳥に出ることにした。「おくみの」は美濃太田からは鈍行に変身するが、ここには翌日の11時53分に到着する。そして、国鉄バスで油坂峠を越えて北線の終点九頭竜湖駅前に出て北線に乗り継ぎ、毬子の故郷の最寄り駅である森ガ城駅で下車するという行程である。加濃南線は廃止が5日後に迫っていた。

ここで注釈を加えておこう。加濃南線、加濃北線という路線は架空である。森ガ城という駅もない。しかし、南線はそのまま実在の越美南線に擬せられている。では北線は越美北線といきたいところだが、これは違う。始発の九頭竜湖から勝原《かどはら》までは一緒だが、架空の北線はここから金沢に向かうことになっている。つまり、加賀の国と美濃の国を結ぶから加濃南線、加濃北線というわけである。この2路線がゆくゆくは繋がる計画だったからとりあえず加濃南線、加濃北線なのである。このあたりは実在の越美南線、越美北線と事情は同じである。

九頭竜湖駅ではなぜか父の愛人で九州に帰ったはずの湧田絹江が待ち受けていた。森ガ城駅では初老の菅助役とまず顔を合わせた。彼は加濃北線の廃止とともに引退を決めている。

じつは、加濃南線だけでなく、この加濃北線もほどなく廃止されるのである。これには土地の有力者で毬子の父の祖父江重吉や地元出身代議士で真由子の父通弘とも知り合いである須川勝造もかかわっており、この二人は廃止賛成の立場である。一方、毬子の恋人で高校教師の太刀川清は反対で、それで二人の仲は重吉に認められていなかった。そして、須川の甥の須川春行と一緒にさせようと目論んでいた。毬子が顔の輪郭から「越前ガニ」と呼ぶ若者である。

こうして、どたばた劇が幕を開ける。加濃北線の九頭竜湖~森ガ城間が廃止された翌日、祖父江重吉が轢死体で発見されたのである。それが廃止されてもう列車が走らない部分の森ガ城駅の構内でである。検死の結果、死後轢断と推測された。なぜ昨夜までぴんぴんして湧田絹江と抱き合っていた父が殺されたのか、加濃北線廃止反対の旗を振っていた太刀川清が殺したのではないか、いやそれともほかに……？　毬子の実家には大劇魔団という劇団が寄食していた。これは毬子の兄の祖父江寿太郎が湊ヨウすけという芸名で主催する劇団で、メンバーには鈴木全光、山鹿知華、穴山鎌之助、ジョー・団がいた。彼らはこの地で興行するべく準備を進めていた。もしかしたらこの劇団の中に犯人がいるのではないか。というのは、湊ヨウすけ、つまり毬子の兄と穴山鎌之助が山鹿知華を争っており、険悪な状態にあったからである。その確執が重吉に及んだのではないか、いや出戻った愛人の湧田絹江も怪しい。謎は謎を呼んで混迷の度を深めてゆく。その過程で越前ガニが殺されてしまった。

事件の余波は芦原温泉や、絹江の実家がある九州・宮春《みやのはる》線にも及び、例によってシンと真由子は東奔西走、混乱に混乱が重なるうちについにシンは真相を探りあてた。そして、東京は山手線の始発電車に関係者一同、捜査を担当した刑事を呼び集めて縷々説明する。シン一世一代の晴れ舞台とあって、シンはちゃっかりこの場に「エレガンス」の堂本編集長と「鉄路」の佐貫編集長も陪席させたところで熱弁を揮ったのだった。

＊　　＊　　＊

辻真先のシンと真由子シリーズの鉄道ミステリーのうち、昭和時代に書かれた作品には次の2作がある。このシリーズは平成に入っても続けられ、平成23（2011）年8月の**『日本・マラソン列車殺人号』**で完結した。平成に入ってからの辻真先にはほかにもいくつもの鉄道ミステリーがあることを付記しておく。

『三陸鉄道 死神が宿る』（昭和59年）
『山陰ドン行に死す』（昭和60年）

第3節　旅情と郷愁が滲む巨匠西村京太郎の鉄道ミステリー

根気よく殺人犯を追跡する十津川警部とその配下たち

私事になるが、私は『十《と》津《つ》川《がわ》警部　あの日、東海道で』（平成22年）が文庫化されるにあたって、この作品の解説を執筆した。平成24（2012）年のことである。解説といってもその内容はいつもながらの十津川警部、亀井刑事が殺人事件に挑む話だったので作品には少し触れただけで、

西村京太郎の肖像。昭和59（1984）年撮影（写真：Kodansha／アフロ）

もっぱら西村京太郎の軌跡に終始したのだが、冒頭私は本作が463作目にあたる作品だと指摘した（464作目という指摘もあるが）。そのすべてというわけではないが、ほとんどは鉄道ミステリーである。その時私は西村京太郎が多作の作家だとは知っていたが、その数字の大きさに仰天した。いや、数字の大きさもさることながら、よくもまあ連綿と推理小説を書き続

けてきてトリックの種が尽きないものだなとほとほと感心したことだった。推理小説の世界では、他者が、あるいは自らが構築したトリックを2度用いるのはタブーになっているからである。

西村京太郎は、その後も営々と推理小説を書き続け、現在ではその作品数は570作に達している。『十津川警部　あの日、東海道で』以降もすべて十津川警部物、そして鉄道ミステリーである。ちなみに、その執筆枚数は400字詰原稿用紙でひと月平均400枚、すべて手書きだそうである。80歳を優に超えてこの活力、脱帽のほかはない。

横道に逸れた。先を急ごう。

西村京太郎は、森村誠一、斎藤栄より少し早い世代で、昭和5（1930）年、東京に生まれた。本名を矢島喜八郎という。電機関係の工業学校を出て現在の人事院に奉職、以後トラック運転手、保険外交員、私立探偵、競馬場の警備員などを経験した。この間、小説を書いては各種懸賞に応募を続けた。昭和36年、『**黒の記憶**』で宝石賞候補にノミネートされたが受賞に至らず、昭和40（1965）年、ようやく『事件の核心』（後『天使の傷痕』と改題）で江戸川乱歩賞を受賞した。そして、数回の候補を経て昭和56年、『終着駅《ターミナル》殺人事件』で日本推理作家協会賞（長編部門）を受賞した。

不遇を余儀なくされたことと、昭和30年代から40年代にかけては松本清張が築いた社会派推理小説が盛んだったことで最初は西村京太郎自身も社会性の強い作品を書いていた。処女作の**『四つの終止符』**（昭和39年）、『天使の傷痕』など初期の作品がまさにそうである。しかし、これらの作品はあまり売れなかった。そこで西村京太郎は作風を大きく変える。社会性の強いものから、より娯楽性の高いものへと方向転換したのである。これには、創始した十津川警部、亀井刑事らを後々まで長くキャラクターとして設定するにはこのほうがいいと判断したということもある。結果的にこれは大正解であった。そして今日に至るまで、西村京太郎といえば十津川警部、十津川警部といえば西村京太郎といわれるまでにキャラクターとして定着したのである。

最後に、鉄道ミステリーが誕生するきっかけになったエピソードを紹介しておく。西村京太郎は小説を草するにあたって編集者に2つのジャンルを提示した。一つは昭和初期の浅草を舞台にした話、もう一つがブルートレインだった。しかし、浅草物はにべもなく一蹴され、結局ブルートレインに決定した。こうして生まれたのが**『寝台特急《ブルートレイン》殺人事件』**である。

なお、西村京太郎というペンネームは人事院時代の友人の姓と、東京生まれの長男だからということにちなむ。

『寝台特急《ブルートレイン》殺人事件』（昭和53年）

西村京太郎が初めて手がけた鉄道ミステリーが『寝台特急殺人事件』である。40作目にして鉄道物が初めて登場した。

昭和53（1978）年といえば、国鉄が借金地獄に苦しみ、労使関係に頭を悩ませていた頃だが、蒸気機関車なき後ブルートレインこと寝台特急に人気が集まっていた頃でもあった。

このブームを巧みにとらえて小説化されたのが、この『寝台特急殺人事件』である。

3月27日、「週刊エポック」の記者青木康二が、今人気のブルートレインの秘密を探ってこいとの編集長の命令で、特急「はやぶさ」で終点の西鹿児島駅（現在の鹿児島中央駅）まで取材旅行に出ることになった。青木が乗車ホームに着くと、前方にカメラや録音機を構えた大勢のファンが群がっていた。青木の座席は「はやぶさ」にただ1両連結されているA寝台、個室寝台である。この車両（1号車）は前から2番目、荷物車の後ろに連結されていた。「はやぶさ」は荷物車を入れて14両編成で、食堂車以外の残りはすべてB寝台である。個室は全部で14室あった。青木の個室は7号室だから、その真ん中にある。青木は早速取材を開始、薄茶のコートの襟を立てて、どこか寂しげな表情でホームを眺めている美人を近くで見つけて青木は撮影した。女は当惑して非難するような目つきで青木を見つめた。青木は謝って自分の名刺を差し出した。8号室、つまり青木の隣が彼女の個室だった。

列車は静岡駅に着いた。青木が食堂車に行くと、そこに女がいた。青木は写した写真を雑誌に使いたいから名前と住所を教えてくれと頼んだが、その瞬間入ってきた37、8歳のダブルの背広を着た男を見つけて強張った表情になり、その男とすれ違って出ていった。この時、男は彼女になにか話しかけたが、女は答えなかった。女の席に坐った男は、高田と名乗り、弁護士だといった。高田の個室は9号室だという。青木はこの男をなんとなく好きになれなかった。

青木は1号車に戻り、8号室を覗いたが、ドアもカーテンも閉まっていた。そしてカメラを忘れたことに気づいて慌てて食堂車に戻った。幸いカメラは保管されていた。しかし、装填したばかりのフィルムが何者かに抜き取られていた。青木は高田に訊いたが、高田は言下に否定した。真夜中、青木が尿意を覚えてトイレに行き、戻ったら8号室から和服姿の別の女が出てきた。その9号室にも高田とは別の男がいた。

ここに至って青木は、眠っている間に同じ西鹿児島行きの後続の「富士」に乗り換えさせられたらしいと気がついた。「富士」の編成は「はやぶさ」と全く同じである。

翌3月28日、多摩川の六郷鉄橋の下で若い女の水死体が発見された。その女の古ぼけたハンドバッグから青木の名刺が出てきた。どうやら女は青木が「はやぶさ」で会話を交わした女らしい。ハンドバッグにはもう一枚、運輸大臣武田信太郎の名刺も入っていた。

ここで十津川警部が登場する。亀井刑事を始め桜井刑事、吹田刑事らが動員されて手がかりを求めて東奔西走の捜査が始まった。ここでその推移を話すと長くなるから略すが、物語の後半あたりから、犯人は高田弁護士とその手下たちとわかり、この高田がわざわざ27日発の「はやぶさ」で予行演習をしたうえで、武田信太郎が選挙区の鹿児島に4月3日の「はやぶさ」で帰郷するタイミングを狙って殺害しようとしているのを察知する。ここからは、それを阻止しようとする警察や国鉄と高田との知恵比べである。最後はもちろん、十津川警部たちに凱歌が上がるのだが、巧妙に張られた伏線とトリックが連続、息もつかせない場面が続く。

『終着駅《ターミナル》殺人事件』（昭和55年）

西村京太郎の鉄道ミステリーには、どこか郷愁がある。旅愁といってもいい。なんというか、全編を貫くトーンがなんともいえず懐かしいのだ。それは昔の作品ほど描かれる駅や列車が、古ぼけた写真のようにセピア色に変色しているからだろうか。いや、それだけではないだろう。おそらくこの郷愁とか旅愁は、殺伐とした犯罪の世界を描きながら、それを見つめる作者の眼差しがはるか遠くを見つめるように柔和だからではなかろうか。

『終着駅殺人事件』はその極致だともいえる作品である。

4月1日土曜日、亀井刑事が、友人を出迎えるべく上野駅に行った。亀井は青森県の出身で、友人とは青森のH高校の同窓の森下である。母校の野球部の監督をしているという森下から相談したいことがあるという手紙をもらって、二人は上野駅の改札口で再会した。森下の相談とは教え子でただ一人行方がわからなくなっている松木紀子を捜してくれということだった。その紀子は後にバーに勤めていてバーテンの西山を刺したことが判明する。一方、これも後の話だが、森下も池袋で西山を殴ったため池袋署に逮捕された。亀井にはわけがわからない。

事件が発生した。上野駅の広小路口のトイレで男が腹を刺されて死んでいるのが発見されたのである。上野署の友人日下刑事とともに亀井も現場に立ち会った。男は通商省に勤務する安田章(24歳)だった。安田は安田に宛てた手紙と今日の21時53分発の特急「ゆうづる7号」のA寝台の切符を持っていた。手紙の差出人は宮本孝。二人は青森のF高校の同窓生で、宮本が校内新聞「たんちょう通信」のかつての仲間に呼びかけて7年ぶりにみんなで帰省しようと提案、それが実現したのだった。宮本は夜間の大学を出た後、四谷の法律事務所で働きながら弁護士になる勉強をしている。宮本が呼びかけたのは、安田のほか青森の物産店の経営者の息子で東京でその支店を開いている片岡清之、詩人でシナリオライターでもある町田隆夫、運送店を経営している川島史郎、芸能プロ社員で自らも歌手を目指している村上陽子、デパートの店員橋口まゆみである。

宮本やほかの仲間はいつまで待っても安田が来ないので、やむなく「ゆうづる7号」に乗った。その車内で、今度は仲間の一人、川島史郎が行方不明になった。水戸駅までは乗っていたことがわかっていたが、突然姿を消してしまったのである。十津川警部以下捜査一課の刑事たちは、川島が安田を刺して逃走したのだろうと判断、川島の追跡に全力を傾けることになった。青森に着いて青森県警の三浦刑事から安田のことを知らされた宮本たちは駅に足止めを食った。捜査は難航する。亀井は少しでも手がかりを見つけようと日下刑事とともに14時48分発の特急「みちのく」に乗って水戸に行き、駅員やタクシーの運転手に尋ねたが、運転手の一人がそれらしい男を乗せたと証言、その結果、鬼怒川から川島の水死体が発見された。

以後、かつて仲の良かった7人の仲間が次々に死んでゆく。最初は青森のホテルで橋口まゆみが自殺し、次は片岡陽子が青森駅で絞殺され、最後は上野駅で片岡清之が青酸中毒死と、それぞれ異なる手口で殺された。橋口まゆみも自殺を装った殺人である。

残るは宮本孝と町田隆夫である。犯人はこのどちらかに絞られた。このままだと、どちらかが殺し、どちらかが殺される。当然二人には厳重な監視がつけられた。そして最後に……。

旅情とサスペンスが交錯する西村京太郎ならではの1編である。

前述したように、この作品は日本推理作家協会賞を受賞した名作である。西村ミステリーとしては第49作目にあたる。これによって西村京太郎は推理作家としての地位を固めた。

『北帰行殺人事件』（昭和56年）

「北帰行《ほっきこう》」というのは字義通りに解釈すれば「北へ帰る旅」ということだが、ここではその名も「北帰行」という歌にちなんでいる。この歌、今も歌い継がれているが、昭和30年代初めにはすでに広く愛唱されていた。そして、昭和36（1961）年に小林旭がレコーディングして大ヒット、全国津々浦々にこのメロディが流れた。もとはといえば、旧制旅順高校の寮歌である。

年の瀬も押し詰まった12月27日、橋本豊刑事が十津川警部に唐突に警察を辞めると申し出た。橋本は優秀な刑事で、十津川も密かにその将来を楽しみにしていただけに慰留したが、橋本の決意は変わらない。橋本は辞めて故郷へ帰るといった。彼の故郷は日本最北端の稚内である。橋本はわざわざ明日12時発のJALで発つとつけ加えた。やむなく十津川は亀井と見送ることにして羽田空港に行ったが、橋本は現れなかった。同じ日、その橋本に似た男が上野発23時5分発の特急「ゆうづる13号」に乗り込むところを親友だった西本功刑事に目撃されていた。なぜ橋本は十津川たちに嘘をついたのだろう。どうやら十津川、亀井から目を逸らすために仕組んだ芝居らしい。

翌朝、こともあろうに、その「ゆうづる13号」の4号車のトイレで両手を後ろ手に縛られた男が全裸で刺殺されているのが青森駅で見つかった。そして、その顔には唇に濃い口紅が塗られていた。被害者は金子貢太郎（25歳）という青年だった。

続いて、「ゆうづる13号」から大勢の乗客が乗り込んだ青函連絡船「津軽丸」が函館港に入港する直前、救命ボートの中で刺殺された男の死体が発見された。やはり全裸で、唇には口紅が塗られていた。北海道警からの連絡で、十津川たちはこの男が佐々木学（26歳）という商事会社の社員だと知った。佐々木はT大出のエリート社員だった。

たまたまこの「津軽丸」に「週刊日本」の記者青木亜木子が取材で乗り込んでいた。彼女は死体が発見される前に西本功と名乗る青年と知り合っていた。亜木子は西本を得体のしれない男だと思いつつ、取材の対象に西本を選び、午後1時に喫茶室で待ち合わせた。しかし、西本は現れなかった。彼女の西本への不審感はいよいよ募った。

捜査一課は金子と佐々木のつながりを調べるうち、12月13日に自宅で縊死した学生の古川みどり（20歳）にたどりついた。なんと、みどりは橋本の恋人だった！　ここに至って、「ゆうづる13号」に乗ったのは橋本で、青函連絡船の船内で雑誌記者の青木亜木子に西本功と名乗った男も橋本だった疑いが強くなった。みどりの自殺の原因はみどりが新宿で5人組の男たちに暴行されたからで、その5人の中に金子貢太郎と佐々木学が含まれていた。橋本は彼らに復讐するために警視庁を辞めたのだ。そしてまず、金子と佐々木を刺殺したと思われた。こうなると残る3人も危ない。十津川たちは半信半疑で橋本の行方を追った。というのは、亀井には橋本がどうしてもこんな猟奇的な殺人を犯すとは信じられず、十津川も同じ思いでいる。二人と道警の懸命な捜索にもかかわらず、親友の名前を使って行動していると思われる橋本の行方は杳として知れない。

この頃、雑誌記者の青木亜木子は和田久志という初老の男と宿泊したホテルのバーで知り合った。和田は和田工業の社長で、やり手の経営者として名の売れた男である。和田もまた青木と同じ「ゆうづる13号」「津軽丸」で渡道、気ままな旅行を楽しんでいるのだと話す。

こうして物語は、十津川と亀井が渡道した後、妹背牛《もせうし》駅近くの国道の脇道で5人組の一人、学生の柴田邦彦（24歳）が雪の中で殺されているのが見つかった後、ついに橋本が吹雪に荒れ狂う漁港の増毛《ましけ》の古ぼけたロッジでちんぴらの市川三郎を発見、改造拳銃で脅しながら市川を全裸にし、口紅を塗りたくって両手を縛りあげた。市川も5人組の一人である。残るは大金持ちのドラ息子君島則文一人になった。その行方は橋本にもわからない。

大団円が近づいた。橋本はどうして4人の行く先を突き止めたのか、彼らを殺したのは本当に橋本なのか、謎を孕《はら》んだまま物語が進行し、最後に意外な真相が判明する。

みどりが5人組と出会ったばかりに発生した悲劇。それさえなければ、橋本とみどりは結ばれ、幸せな家庭を築いていたはずだったのに、運命の歯車は激しく逆回転してしまった。この二人は、カラオケで稚内出身の橋本が好んだ「北帰行」を歌い、それを録音したテープを残していた……。

『ミステリー列車が消えた』（昭和57年）

東京駅を発車した12両編成のミステリー列車が、乗客400人、乗員6人を乗せたまま忽然と姿を消すという、なんとも希有壮大な鉄道ミステリーである。これまでに列車が消えるという話はコナン・ドイルの『消えた臨急』以下いくつかあるが、これほど規模の大きいものはない。

臨時列車「ミステリー号」は、8月8日午後11時59分、抽選に当選した400人の乗客を乗せて10番線から発車した。乗客には少年も多く、このほとんどは鉄道ファンである。座席はすべてB寝台だ。

この列車に月刊誌「旅窓」の記者津山研一が乗っていた。同僚で恋人の乗兼由紀子が見送りに来た。乗客のなかには、精悍なマスクで売り出した俳優の西本功の10歳くらいの息子も交じっていた。津山は由紀子にどこかに到着したらすぐ電話すると約束したが、電話はなかなか入らない。由紀子は東京駅に出かけて今どこを走っているのか助役の青木に訊いたが、さっぱり要領を得ない。というのは、この列車を企画したのが大阪鉄道管理局だったからだ。

「ミステリー号」は、もちろん乗客には行く先が知らされていなかったが、最初の停車駅は京都駅である。ここからバスに分乗して梅小路蒸気機関車館を見物するというのが9日の最初の行程である。青木助役が梅小路機関区に問い合わせたところ、一行は確かに午前10時頃に到着して1

時間ほど見学して戻っていったとのことだった。ではなぜ津山は電話をよこさないのだろう。青木は「ミステリー号」はこれから山陰本線に入って鳥取に行く予定だとつけ加えた。ところが、列車は予定時間になっても鳥取駅に到着しなかった。

国鉄総裁秘書の北野浩が鳥取駅に電話して、ミステリー列車が不明だとわかり、木本総裁に報告した。総裁は半信半疑だったが、捜査一課の十津川警部に連絡するよう命令した。ほどなく本多一課長と十津川が駆けつけてきた。二人も、信じられない面持ちである。

そこへ木本総裁に男の声で乗客400人を誘拐したから身代金として10億円払えと電話が入った。男は、一人250万円なら安いものだろうといった。

事態は急展開、ここから本多や十津川ら捜査一課の面々の大車輪の捜査が始まった。

木本総裁は、渋々日銀に連絡して10億円を用意してもらい、犯人の指示に従って直径25cmまで、長さ75cm以内の袋に1億円ずつ入れて上野駅まで運ばせた。北野だけでなく、本多と十津川も上野駅に行くことになった。と、犯人は上野駅長に電話して10億円を「ゆうづる13号」の最後尾1号車の寝台16の下段に積み込めと指示した。列車はやがて本多や十津川を乗せて発車した。途中、本多、十津川ら警察人、北野ら国鉄マンら全員がクロロホルムを嗅がされて眠っている間に10億円は見事にさらわれてしまった。

ここから十津川警部たちの懸命の捜査と、犯人との虚々実々の駆け引きが始まる。そして、その過程で徐々に犯人と共犯者の人物像が浮かび上がってくるのだが、じつはこの作品、最後の4分の1あたりで犯人や共犯者の氏名が判明、以後はそのアリバイ崩しになる、つまり倒叙法に移るのだが、いやそのスケールが大きいだけに、サスペンスといい、トリックといい、とにかく面白い。それをいちいち記していては興味を半減させてしまうので、ここからは読んでのお楽しみということで打ち止めにしたい。

さて、ミステリー列車はどこに消えたか、乗客や乗員の行方とその安否はどうなっているか、なにしろ線名や駅名がすべて実名で、列車の運行時刻も当時の時刻表に則っているからリアルなことこのうえもない。これぞ西村ミステリーの真骨頂と頷かせること間違いなしの逸品である。

＊　＊　＊

冒頭で述べたように、西村京太郎の鉄道ミステリーは膨大な数に上っている。私もその中のほんの一握りしか読んでいないから口幅ったいことは一切いえない。ここから先、西村ミステリー・ワールドに興味を持たれた方は、ぜひ自分の手で好みに合う作品を発掘してほしい。

あとがき

五里霧中という状況からの出発でした。あらかじめ大まかな構想は立てたものの、いざ執筆にかかってみないとどうなるかわからないという面が強く、戸惑いの連続でした。

戸惑いの始まりは、推理小説の流れを飛ばして、いきなり鉄道ミステリーから入ってもいいかどうかということでした。これだと、読者が推理小説の歩みにある程度精通していることが前提になります。もとより、大方の読者は推理小説の元祖がエドガー・アラン・ポーであること、コナン・ドイルが中興の祖であること、日本では江戸川乱歩が創作物の礎を固めたことなど、先刻ご承知のことでしょう。けれども、ドイルの周りには大勢の作家が取り巻いており、これが「シャーロック・ホームズのライヴァルたち」と呼ばれて一つの勢力を形成していたこと、乱歩のほかにも大勢の作家が犇《ひし》めいていたことを知る人はそんなに多くはないものと思われます。これに鑑みて、本書ではまず推理小説の歩みを概観するところから始めることにしました。推理小説の歴史を概略理解したうえで鉄道ミステリーに接すれば、その面白味は倍加すると考えたからです。

もう一つの、そして最大の戸惑いは作品の梗概をどこまで伝えるかということでした。あたりまえの話ですが、推理小説を読む楽しみは作者が仕かけたトリックを作者が提示するヒントを手がかりに、読者が結末を予想しながら読み進めるところにあります。これが、たとえ梗概とはいえ途中で結末がわかってしまうと、その作品への興味は半減どころか急速に萎んでしまいます。結局、結末は書かないことにしましたが、これには結構葛藤がありました。

それはそうと、鉄道をモチーフにした推理小説には多彩な魅力があります。

全国に張り巡らされた路線網、大小の駅、特急から鈍行、ＪＲ（国鉄）から私鉄に至るまでの列車や車両、時刻表などに基づいて、作者が構築したトリックでこれでもかこれでもかと読者に謎解きを迫る、鉄道ミステリーの醍醐味はこれに尽きます。

さらに、特に昭和20年代以降の鉄道ミステリーの大半には期せずして鉄道旅行が楽しめるという一面があります。誌上旅行ではありますが、読者は鉄道ミステリーを通して思い出の地、未知の土地へと旅立つことができるのです。これもまた、鉄道ミステリーの魅力といえるでしょう。もとより、このような鉄道ミステリーの多彩な魅力を存分に味わうには原著に如くものはありません。本書を原作に触れるための一つの指針として活用していただけることを切望します。

編集を担当してくれた萩原友香さんにはすっかりお世話になりました。篤くお礼申し上げます。

平成28年9月

原口　隆行

■参考文献

江戸川乱歩編『世界短編傑作集1』（昭和35年）東京創元社（創元推理文庫）
江戸川乱歩編『世界短編傑作集2』（昭和36年）東京創元社（創元推理文庫）
江戸川乱歩編『世界短編傑作集3』（昭和35年）東京創元社（創元推理文庫）
江戸川乱歩編『世界短編傑作集4』（昭和36年）東京創元社（創元推理文庫）
江戸川乱歩編『世界短編傑作集5』（昭和36年）東京創元社（創元推理文庫）
鮎川哲也編『鉄道ミステリー傑作選　下り〝はつかり〟』（昭和50年）光文社
鮎川哲也編『鉄道ミステリー傑作選　急行出雲』（昭和50年）光文社
鮎川哲也編『鉄道ミステリー傑作選　見えない機関車』（昭和51年）光文社
権田萬治『日本探偵作家論』（昭和52年）講談社（講談社文庫）
小池滋編『世界鉄道推理傑作選1』（昭和54年）講談社（講談社文庫）
小池滋編『世界鉄道推理傑作選2』（昭和54年）講談社（講談社文庫）
鮎川哲也編『トラベル・ミステリー1　シグナルは消えた』（昭和58年）徳間書店（徳間文庫）
鮎川哲也編『トラベル・ミステリー2　犯罪交叉点』（昭和58年）徳間書店（徳間文庫）
鮎川哲也編『トラベル・ミステリー3　殺しのダイヤグラム』（昭和58年）徳間書店（徳間文庫）
鮎川哲也編『トラベル・ミステリー4　殺人列車は走る』（昭和58年）徳間書店（徳間文庫）
鮎川哲也編『トラベル・ミステリー5　レールは囁く』（昭和58年）徳間書店（徳間文庫）
鮎川哲也編『トラベル・ミステリー6　殺意の終着点』（昭和58年）徳間書店（徳間文庫）

ジェフリー・ファインマン　諸岡敏行訳『アガサ・クリスティの贈り物』（昭和59年）　晶文社（晶文社セレクション）
日本ペンクラブ編『鉄道ミステリー傑作選　殺意を運ぶ列車』（平成6年）　光文社（光文社文庫）
日本ペンクラブ編『鉄道ミステリー傑作選　悪夢の最終列車』（平成9年）　光文社（光文社文庫）
日本ペンクラブ編『鉄道ミステリー傑作選　悲劇の臨時列車』（平成10年）　光文社（光文社文庫）
原口隆行著『イギリス＝鉄道旅物語』（平成9年）　東京書籍
大久保邦彦・三宅俊彦・曽田英夫編『鉄道運輸年表〈最新版〉』（平成11年）　ＪＴＢ（「旅」平成11年1月号別冊付録）
朝日新聞社編『朝日クロニクル　週刊20世紀』（平成11年―平成13年）　朝日新聞社
山前譲編『鉄道ミステリー名作館　全席死定』（平成16年）　徳間書店（徳間文庫）
山前譲編『鉄道ミステリー名作館　葬送列車』（平成16年）　徳間書店（徳間文庫）
日本推理作家協会編『日本ベストミステリー選集32　M列車で行こう』（平成17年）　光文社（光文社文庫）
江戸川乱歩『江戸川乱歩全集　第28巻　探偵小説四十年（上）』（平成18年）　光文社（光文社文庫）
江戸川乱歩『江戸川乱歩全集　第29巻　探偵小説四十年（上）』（平成18年）　光文社（光文社文庫）
鮎川哲也編『鉄道ミステリー傑作選　無人踏切』（平成20年）　光文社（光文社文庫）
朝日新聞出版編『週刊昭和』（平成21年）　朝日新聞出版（週刊朝日百科）
中村政則・森武麿編『年表　昭和・平成史　１９２６―２０１１』（平成24年）　岩波書店（岩波ブックレット８４４）
堀啓子著『日本ミステリー小説史』（平成26年）　中央公論新社（中公新書）
その他選択した各作品

索引（五十音順）

原口隆行（はらぐちたかゆき）
昭和13（1938）年東京生まれ。上智大学卒業後凸版印刷に入社。在職中より『鉄道ジャーナル』『旅と鉄道』などに寄稿を始め、昭和57（1982）年にフリーになる。著書に『時刻表でたどる鉄道史』『日本の路面電車Ⅰ・Ⅱ・Ⅲ』『鉄道唱歌の旅 東海道線今昔』（以上JTB）、『イギリス＝鉄道旅物語』『イタリア＝鉄道旅物語』（以上東京書籍・共著）、『文学の中の駅』『鉄路の美学』『汽車ぽっぽ最後の時代』（以上国書刊行会）、『最長片道切符11195・7キロ』（学習研究社）、『文学の中の鉄道』（鉄道ジャーナル社）、『ドラマチック鉄道史』（交通新聞社）など多数。

交通新聞社新書102

鉄道ミステリーの系譜

シャーロック・ホームズから十津川警部まで

（定価はカバーに表示してあります）

2016年10月14日　第1刷発行

著　者——原口隆行
発行人——江頭　誠
発行所——株式会社　交通新聞社
http://www.kotsu.co.jp
〒101-0062　東京都千代田区神田駿河台2-3-11
NBF御茶ノ水ビル
電話　東京（03）6831-6550（編集部）
東京（03）6831-6622（販売部）

印刷・製本—大日本印刷株式会社

ISBN978-4-330-69816-8